朝ごはん
組み合わせ
自由自在

好みの料理を選ぶだけ

料理／竹内冨貴子

女子栄養大学出版部

はじめに

朝ごはん、きちんと食べて健康に──

朝ごはんは、一日を心身ともに快調にスタートさせるのに欠かせない食事です。朝ごはんを食べると体温が上昇して身体は目覚め、これからの活動に備えてウォームアップを始めます。一方、脳では、脳の活動を支える唯一の栄養素であるグルコース（ブドウ糖）が補給されることで起きぬけの脳が活性化し、働き出します。午前中の活動に必要なエネルギーや栄養素が身体に補給されていると、無理なく身体を動かすことができます。朝はなんとなくだるい、疲労感があるという方は多いと思いますが、これらの症状は朝ごはんをきちんと食べて身体が活動するための準備を整えることで解消されることが多いのです。

朝ごはんを1食抜くと、一日に必要な栄養はどうしてもとれなくなります。逆にいえば、外食などが多い生活でも、朝ごはんをきちんと食べていれば栄養バランスのくずれをカバーすることができます。〝不足しがちな食品や栄養素は朝ごはんでとる〟──こう決めてしまえば楽に健康管理をすることができます。

不足しがちな栄養素を補ってさらに健康に生活するために、朝ごはんを活用してください。

本書では、卵、肉、魚、豆・豆製品を使った主菜となるおかずを90品、野菜、芋、きのこ、こんにゃく、海藻を使った副菜となるおかずを120品、おかずがわりにもなる具だくさんの汁物を18品、パン、ごはん、めん類の主食の料理を54品、ヘルシージュースやデザートを18品、全300品を紹介しています。どれも作りやすく栄養バランスを配慮した健康おかずです。

加えて、これらのおかずを組み合わせた朝食例を80パターン掲載しました。気になる身体の症状や食事が不規則になりやすいタイプ別に必要な栄養素を含んだおかずの組み合わせになっています。毎日の食事作りにぜひお役立てください。

Contents

はじめに …………………………………………………………………… 2

目次 ………………………………………………………………………… 4

朝ごはんの献立のたて方 ………………………………………………… 6

ダイエットをする高校生、大学生の朝ごはん ………………………… 8

冷え性、貧血が気になる女性の朝ごはん ……………………………… 12

肌や髪の毛を美しく保ちたい女性の朝ごはん ………………………… 16

更年期が気になる女性の朝ごはん ……………………………………… 20

食欲のない小学生の朝ごはん …………………………………………… 24

食べ盛りの中学生、高校生の朝ごはん ………………………………… 28

大急ぎで食べたい中学生、高校生の朝ごはん ………………………… 32

単身赴任の中高年の男性の朝ごはん …………………………………… 36

主菜 …………………………………………………………… 40

卵のおかず

肉、魚のおかず

豆・豆製品のおかず

副菜 …………………………………………………………… 59

野菜のおかず

きのこ、こんにゃくのおかず

海藻のおかず

漬け物

汁物 …………………………………………………………… 83

主食 …………………………………………………………… 87

飲み物・デザート …………………………………………… 99

ブランチ ……………………………………………………… 103

料理＆栄養価一覧 …………………………………………… 118

計量カップ・スプーンによる食品の重量一覧 …………… 126

食品の概量と正味重量 ……………………………………… 127

この本を活用すれば、
栄養バランスのとれた
献立が
簡単にたてられます。

40〜102ページの料理は、主菜、副菜、汁物、主食、飲み物・デザート、の5つのグループに分類されています。朝ごはんの献立をたてるときは、主菜から1品、副菜、汁物、飲み物・デザートの中から1〜2品、主食から1品を選んで組み合わせると自然に栄養バランスのとれた献立になります。

8〜39ページでは、体の気になる症状や食事が不規則になりやすいタイプを8例あげ、症状の解消や体調をととのえるのに必要な栄養素を含んだおかずの組み合わせ例をそれぞれ10パターンずつ紹介しています。組み合わせ例はすべて40〜102ページに載っている料理の中から選んであります。ご自分や家族の健康を考えるうえでの参考にしてください。

飲み物・デザート（99〜102ページ）
飲み物・デザートのページでは乳・乳製品、くだものを使った飲み物とデザートを紹介しています。たんぱく質、脂質、ミネラル、ビタミンC、食物繊維などを手軽にとれるように工夫してあります。

主菜(40〜58ページ)
卵料理、肉料理、魚料理、豆・豆製品を使った料理です。たんぱく質、脂質、カルシウム、ビタミンA・B_1・B_2などが豊富な一皿です。たっぷりの野菜と組み合わせた料理も数多く紹介しています。［ソーセージとキャベツのいため物（作り方52ページ）］

副菜(59〜82ページ)
野菜、きのこ類、こんにゃく、海藻を使った料理です。カロテン、ビタミンB_1・B_2・C、ミネラル、食物繊維などを多く含みます。外食が多い人はこれらの食品や栄養素が不足しがちです。朝食でかならず1品は食べる習慣をつけると、生活習慣病の予防にもなります。［きのことごぼうのサラダ（作り方79ページ）］

汁物(83〜86ページ)
汁物のページにはみそ汁やすまし汁、スープなどが載っています。具として加える食品は野菜、芋、海藻、きのこ類、豆・豆製品などさまざまです。本書で紹介している汁物は、どれも具をたっぷり加えたものなので、副菜と兼用の一品としても利用できます。［小松菜と油揚げのみそ汁（作り方84ページ）］

主食(87〜98ページ)
ごはん、パン、めん類、シリアルを使った料理のバリエーションを紹介しています。炭水化物、たんぱく質、ビタミンB_1・B_2、ミネラルなどの供給源になります。［じゃことわかめの混ぜごはん（作り方97ページ）］

ダイエットをする高校生、大学生の朝ごはん

朝ごはんで、1日に必要な栄養素の1/3量を目安にとるようにします。体を作るたんぱく質、カルシウム、鉄、便秘を防ぐ食物繊維などは充分に。

豆腐とわかめのサラダ(56ページ)
えのきときゅうりの梅肉あえ(78ページ)
切り干し大根のみそ汁(85ページ)
精白米ごはん(90ページ)
1人分467kcal 塩分4.2g

朝ごはんを抜くと、昼ごはんと夕ごはんの量が増えてしまい、ダイエットには逆効果。朝ごはんで、1日に必要な栄養素の1/3量を目安にとるようにします。

大人の体になるたいせつな時期なのに、ダイエットを意識しすぎて食事量が極端に少ないケースが特に女の子に多く見られます。エネルギーコントロールをした献立でも、体を作るのに必要なたんぱく質、カルシウム、鉄などが不足しないように注意しましょう。

写真の献立は、高たんぱく質、低脂肪の豆腐をメインにし、海藻、きのこなどのローエネルギーな素材——わかめ、きゅうり、えのきたけを組み合わせているので、エネルギーは低いのにボリュームたっぷり。さらに切り干し大根を使ったみそ汁を添え、食物繊維の豊富な献立にしました。

【15～29歳・女性の食事摂取基準推奨量は11ページ】

和風バリエ1

照り焼き豆腐（43ページ）

ひじきのサラダ（61ページ）

かぼちゃと玉ねぎのみそ汁（85ページ）

じゃことわかめの混ぜごはん（97ページ）

和風バリエ2

油揚げと小松菜の煮浸し（58ページ）

きのことごぼうのサラダ（79ページ）

じゃが芋とわかめのみそ汁（84ページ）

精白米ごはん（90ページ）

洋風バリエ1

にらとチーズ入り納豆（57ページ）

野菜のミルクスープ（86ページ）

フランスパン（89ページ）

いちご（102ページ）

洋風バリエ2

じゃが芋とハムのいため物（74ページ）

ほうれん草のソテー（62ページ）

野菜サンド（94ページ）

ミルクティー（100ページ）

ダイエットをする高校生、大学生の朝ごはん

トマト入りレンジココット（51ページ）
野菜のミルクスープ（86ページ）
ベーグル（90ページ）

1人分386kcal　塩分3.5g

【15～29歳・女性の食事摂取基準推奨量（身体活動レベルⅠ・Ⅱ）】（朝食で⅓量を目安にとるようにします。※は目標量）

年齢・性別	エネルギー(kcal)	たんぱく質(g)	脂肪エネルギー比(%)※	カルシウム(mg)※	鉄(mg)	ビタミンA(μg)	ビタミンB₁(mg)	ビタミンB₂(mg)	ビタミンE(mg)	ビタミンC(mg)	食物繊維(g)
15～17歳・女性	1,900（Ⅰ） 2,200（Ⅱ）	50	20～30	650	11	600	1.0 1.2	1.1 1.3	9	100	—
18～29歳・女性	1,750（Ⅰ） 2,050（Ⅱ）	50	20～30	600	10.5	600	0.9 1.1	1.1 1.2	8	100	—

レンジココットは電子レンジで加熱するので、油の使用量はゼロであるうえ、簡単にできます。卵にトマトを加えてボリュームを出すことも忘れずに。野菜のミルクスープにはビタミン豊富な野菜をたくさん使い、不足しがちなカルシウムを補うため牛乳をベースにしています。ベーグルはかみ応えがあり、パンの中では低エネルギーなので、ダイエット中にはおすすめの主食です。

和風バリエ1

サケの焼き浸し（53㌻）

かぼちゃと玉ねぎのみそ汁（85㌻）

菜めし（98㌻）

和風バリエ2

菜の花とアサリの卵とじ（50㌻）

青梗菜のスープ煮（67㌻）

玄米ごはん（91㌻）

洋風バリエ1

キャベツとハムの巣ごもり卵（50㌻）

簡単ガスパチョ（86㌻）

フルーツ入りシリアルの牛乳かけ（95㌻）

洋風バリエ2

セロリのスープ煮（73㌻）

ごまチーズトースト（92㌻）

カフェオレ（100㌻）

冷え性、貧血が気になる女性の朝ごはん

ビタミンB群、Eで血液の循環をよくし、鉄とたんぱく質で貧血を解消します。体を積極的に動かすことも必要です。

冷え性の原因は色々考えられますが、血液の循環をよくし、貧血を改善するのが1つの解決方法です。血液の循環をよくするにはビタミンB_1、B_2、Eなどが有効です。体を動かすこともたいへんよい方法なので、積極的に生活にとり入れるようにしましょう。

写真の献立は、ほうれん草をたっぷり使ったいため物がメインです。ほうれん草は鉄分が豊富な食品ですが、鉄分は肉や魚などといっしょにとると吸収率がよくなる性質があるので肉の加工品のハムと組み合わせました。また、ハムにはビタミンB_1も豊富です。良質のたんぱく質である牛乳に鉄分の豊富なプルーンときな粉を加えた飲み物を添えます。

【18～69歳・女性の食事摂取基準推奨量は15ページ】

ハムとほうれん草のいため物(51ページ)
ごまチーズトースト(92ページ)
バナナ入りきな粉ドリンク(101ページ)
1人分638kcal　塩分2.9g

和風バリエ1
凍り豆腐の牛乳煮（58ページ）
アスパラガスの焼き浸し（75ページ）
じゃことわかめの混ぜごはん（97ページ）

和風バリエ2
ひじきの煮物（61ページ）
ほうれん草のごまあえ（62ページ）
牛乳がゆ（96ページ）

洋風バリエ1
じゃが芋とハムのいため物（74ページ）
フレンチトースト（92ページ）
レモンキャロットジュース（101ページ）

洋風バリエ2
ツナサラダ（54ページ）
ピザトースト（93ページ）
野菜ジュース（100ページ）

冷え性、貧血が気になる女性の朝ごはん

ビタミンA、Cや鉄をたっぷり含んだ菜の花と、鉄分豊富なアサリを良質のたんぱく質である卵と組み合わせて卵とじにしました。ビタミンA、Cは肌の健康管理にも欠かせません。ごはんはビタミンB_1、ビタミンEを豊富に含む胚芽精米ごはんに変えてもOKです。

菜の花とアサリの卵とじ（50㌻）
わかめとキャベツのお浸し（80㌻）
精白米ごはん（90㌻）
1人分429kcal　塩分2.6g

和風バリエ1

目刺しのレモンおろしかけ（55ページ）

切りこんぶとじゃこの煮物（81ページ）

きのこ雑炊（96ページ）

和風バリエ2

豆腐とわかめのサラダ（56ページ）

かぼちゃのはちみつレモン風味（69ページ）

小松菜とサクラエビのお焼き（88ページ）

洋風バリエ1

小松菜のマスタードマヨネーズあえ（64ページ）

コーンスープ（86ページ）

ツナサンド（93ページ）

洋風バリエ2

キャベツとハムの卵いため（47ページ）

かぼちゃとツナのサラダ（69ページ）

胚芽入り食パン（89ページ）

【18〜69歳・女性の食事摂取基準推奨量（身体活動レベルⅠ）】（朝食で1/3量を目安にとるようにします。※1は目標量、※2は目安量）

年齢・性別	エネルギー(kcal)	たんぱく質(g)	脂肪エネルギー比(%)※1	カルシウム(mg)※1	鉄(mg)	ビタミンA(μg)	ビタミンB1(mg)	ビタミンB2(mg)	ビタミンE(mg)※2	ビタミンC(mg)	食物繊維(g)※1
18〜29歳・女性	1,750	50	20〜30	600	10.5	600	0.9	1.1	8	100	17
30〜49歳・女性	1,700	50	20〜25	600	10.5、閉経後は6.5	600	0.9	1.0	8	100	17
50〜69歳・女性	1,650	50	20〜25	600	10.5、閉経後は6.5	600	0.9	1.0	8	100	18

肌や髪の毛を美しく保ちたい女性の朝ごはん

髪の毛は食生活や生活習慣の良し悪しを映す鏡です。
髪の毛の構成成分であるたんぱく質、ミネラル類、血液の循環をよくするビタミンEが不足しないようにします。

ツナと豆腐のいため物(42ページ)
ひじきの煮物(61ページ)
胚芽精米ごはん(91ページ)
キウイフルーツ(101ページ)
1人分670kcal　塩分3.2g

髪の毛は全身の健康状態が非常に現われやすいところです。頭皮を流れる血液量は、体の中でもっとも多いといわれています。それだけ栄養分は頭皮に盛んに送られ、頭皮の細胞はいつも活発に活動しているのです。
髪の毛の主成分はケラチンという繊維状のたんぱく質です。ミネラル類も髪の毛を構成する成分です。健康な髪の毛を作るために、良質のたんぱく質とミネラルを多く含む食品をとるようにしましょう。写真の献立は、良質のたんぱく質が豊富な豆腐に、血液の循環をよくするビタミンEを含むツナの油漬けを加えたいため物がメインです。髪の毛の栄養に欠かせないヨウ素が豊富なひじきの煮物と組み合わせます。胚芽精米ごはんには精白米ごはんにくらべてビタミンEが4倍多く含まれています。ふだんの食事にとり入れてみるのもよいでしょう。
【18〜69歳・女性の食事摂取基準推奨量は19ページ】

和風バリエ1
じゃことわかめのいり卵(48ページ)
ほうれん草とにんじんのナムル(62ページ)
かぶの漬け物(82ページ)
玄米ごはん(91ページ)

和風バリエ2
にらとチーズ入り納豆(57ページ)
わかめの酢みそかけ(80ページ)
豆腐ごはん(98ページ)
牛乳(101ページ)

洋風バリエ1
ひき肉とトマトのいため物(53ページ)
にんじんの明太子いため(67ページ)
野菜サンド(94ページ)
キウイフルーツ(101ページ)

洋風バリエ2
マッシュルームと玉ねぎ入りオムレツ(50ページ)
かぼちゃのはちみつレモン風味(69ページ)
ベーグル(90ページ)
いちごのヨーグルトかけ(102ページ)

肌や髪の毛を美しく保ちたい
女性の朝ごはん

【18～69歳・女性の食事摂取基準推奨量(身体活動レベルⅠ)】(朝食で1/3量を目安にとるようにします。※1は目標量、※2は目安量)

年齢・性別	エネルギー(kcal)	たんぱく質(g)	脂肪エネルギー比(%)※1	カルシウム(mg)※1	鉄(mg)	ビタミンA(μg)	ビタミンB₁(mg)	ビタミンB₂(mg)	ビタミンE(mg)※2	ビタミンC(mg)	食物繊維(g)※1
18～29歳・女性	1,750	50	20～30	600	12	600	0.9	1.1	8	100	17
30～49歳・女性	1,700	50	20～25	600	10.5、閉経後は6.5	600	0.9	1.0	8	100	17
50～69歳・女性	1,650	50	20～25	600	10.5、閉経後は6.5	600	0.9	1.0	8	100	18

たんぱく質の成分の中でも、健康な髪を作るのに最適なシスチンという成分をたくさん含んでいる卵をメインにした献立です。ストレスに強くなるビタミンCが豊富なレモンキャロットジュースを添えました。

温泉卵のサラダ(44ページ)

ハムチーズトースト(92ページ)

レモンキャロットジュース(101ページ)

1人分520kcal　塩分3.3g

和風バリエ1

じゃことわかめのいり卵(48ページ)

牛乳とろろそば(97ページ)

バナナ入りきな粉ドリンク(101ページ)

和風バリエ2

厚揚げと青梗菜の煮物(56ページ)

こんぶおにぎり(98ページ)

ブルーベリーヨーグルト(101ページ)

洋風バリエ1

ハムとほうれん草のいため物(51ページ)

野菜スープ(86ページ)

サーモンとクリームチーズのベーグルサンド(94ページ)

洋風バリエ2

ゆで卵のサラダ(45ページ)

簡単ガスパチョ(86ページ)

ごまチーズトースト(92ページ)

更年期が気になる女性の朝ごはん

更年期には長年の食生活の成果もツケも現れます。

症状の改善と更年期以降に心配な生活習慣病や骨粗鬆症を防ぐために、

カルシウム、ビタミンD、抗酸化ビタミン、ビタミンB群を積極的にとりましょう。

小松菜とサクラエビの卵焼き（41ページ）
焼きなす（69ページ）
きのこ雑炊（96ページ）
1人分389kcal　塩分4.0g

更年期はホルモンバランスの変化などで太りやすくなる時期です。エネルギーコントロールを心がけましょう。カルシウムは精神的に不安定でイライラしやすく、ストレスのたまりやすい時にはぜひとりたい栄養素です。ビタミンDはカルシウムの代謝に欠かせない栄養素です。カロテン、ビタミンC、ビタミンEの3種類の抗酸化ビタミンは、血管や肌の老化を防ぎます。ビタミンB群は不足すると新陳代謝がスムーズにいかなくなります。不定愁訴の改善や美容効果も期待できるので、ぜひとりたい栄養素です。
写真の献立の卵焼きにはカルシウムが豊富な小松菜とサクラエビを使っています。エネルギーコントロールをするときは、主食は、雑炊など穀物に野菜やきのこを加えてかさを増した料理にするとよいでしょう。
【30〜69歳・女性の食事摂取基準推奨量は23ページ】

和風バリエ 1
明太子と三つ葉のいり卵（48ページ）
春菊のお浸し（73ページ）
梅おろしうどん（97ページ）

和風バリエ 2
油揚げの納豆、チーズ詰め焼き（58ページ）
ごぼうのサラダ（72ページ）
菜めし（98ページ）

洋風バリエ 1
アスパラガスとトマトの卵いため（41ページ）
コーン入りコールスローサラダ（68ページ）
ごまチーズトースト（92ページ）

洋風バリエ 2
ソーセージのスープ煮（42ページ）
ブロッコリーのカテージチーズあえ（74ページ）
スープ雑炊（96ページ）

更年期が気になる女性の朝ごはん

かぼちゃのチーズソースサラダ(69ページ)

クロックムッシュー(94ページ)

いちご(102ページ)

ミルクティー(100ページ)

1人分461kcal　塩分2.5g

【30〜69歳・女性の食事摂取基準推奨量(身体活動レベルⅠ)】(朝食で1/3量を目安にとるようにします。※1は目標量、※2は目安量)

年齢・性別	エネルギー(kcal)	たんぱく質(g)	脂肪エネルギー比(%)※1	カルシウム(mg)※1	鉄(mg)	ビタミンA(μg)	ビタミンB1(mg)	ビタミンB2(mg)	ビタミンE(mg)※2	ビタミンC(mg)	食物繊維(g)※1
30〜49歳・女性	1,700	50	20〜25	600	10.5、閉経後は6.5	600	0.9	1.0	8	100	17
50〜69歳・女性	1,650	50	20〜25	600	10.5、閉経後は6.5	600	0.9	1.0	8	100	18

ビタミンEが豊富なかぼちゃを使ったサラダがメインの献立。ビタミンEは血液の循環をよくするので、肩こりや腰痛、ほてり、多汗といった更年期に多い症状の解消に効果的です。クロックムッシューのハムのビタミンB₁は炭水化物の燃焼を促す働きもあります。チーズ、牛乳でカルシウムを摂取します。

和風バリエ1
れんこんのサラダ(70ページ)
牛乳とろろそば(97ページ)
バナナ入りきな粉ドリンク(101ページ)

和風バリエ2
いんげんのごまあえ(73ページ)
卵雑炊(96ページ)
ココア(100ページ)

洋風バリエ1
にんじんのドレッシング漬け(67ページ)
ごまチーズトースト(92ページ)
キウイのヨーグルトかけ(102ページ)

洋風バリエ2
アスパラガスとトマトのサラダ(75ページ)
野菜スープ(86ページ)
フルーツサンド(94ページ)

食欲のない小学生の朝ごはん

成長期に朝ごはん抜きは禁物。たんぱく質、カルシウム、鉄などを3食できちんととる必要があります。甘味、酸味などを生かして食欲を増進させましょう。

バナナとキウイ入りスクランブルエッグ(47ページ)
コーン入りコールスローサラダ(68ページ)
ロールパン(89ページ)
牛乳(101ページ)
1人分514kcal　塩分1.5g

体の大きさのわりに一日の栄養所要量が多いのが小学生です(27ページ参照)。体が作られる成長期なので、体の筋肉、骨、血液の構成成分であるたんぱく質、カルシウム、鉄などの栄養素は毎食欠かさずとるようにします。

食欲がないからといって朝食を抜いてしまうのではなく、子供が好む甘味や酸味を献立に組み込んで食べる意欲がわくように工夫し、朝ごはんを食べる習慣をつけさせましょう。ただし、夜更かしをして夜遅くにお菓子やカップラーメンなどを食べてしまっていては、朝起きて食欲がわかなくて当然です。生活習慣を見直すこともたいせつです。

写真のスクランブルエッグはフルーツをたくさん使った甘い味なので食欲のない子供でも喜んで食べます。コールスローはマヨネーズではなくヨーグルトであえているので、しつこくなく、食欲のないときにはおすすめです。

【小学生(6～12歳)の食事摂取基準推奨量は27ページ】

和風バリエ 1

温泉卵（44㌻）
かぼちゃのあずき煮（69㌻）
牛乳がゆ（96㌻）
グレープフルーツ（102㌻）

和風バリエ 2

サケのしょうが風味焼き（53㌻）
青梗菜とエリンギのいため物（66㌻）
焼きおにぎり（98㌻）
かぼちゃと玉ねぎのみそ汁（85㌻）

洋風バリエ 1

卵のマヨネーズいため（49㌻）
プチトマトとチーズのサラダ（76㌻）
クロワッサン（90㌻）
バナナミルクドリンク（100㌻）

洋風バリエ 2

ハムとピーマン入りオムレツ（50㌻）
ブロッコリーのカテージチーズあえ（74㌻）
シリアルの牛乳かけ（95㌻）
いちご（102㌻）

食欲のない小学生の朝ごはん

アスパラガスのベーコン巻き(52ページ)
シリアルのジャムヨーグルトかけ(95ページ)
グレープフルーツ(102ページ)
1人分415kcal　塩分1.4g

【小学生（6〜12歳）の食事摂取基準推奨量（身体活動レベルⅡ・Ⅲ）】（朝食で1/3量を目安にとるようにします。※1は目標量、※2は目安量）

年齢（歳）	エネルギー(kcal)		たんぱく質(g)		脂肪エネルギー比(%)※1		カルシウム(mg)※1		鉄(mg)		ビタミンA(μg)		ビタミンB1(mg)		ビタミンB2(mg)		ビタミンE(mg)※2		ビタミンC(mg)	
	男	女	男	女	男	女	男	女	男	女	男	女	男	女	男	女	男	女	男	女
6〜7	1,650(Ⅱ)	1,450(Ⅱ)	35	30	20〜30		600	600	6.5	60	400	350	0.9	0.8	1.0	0.9	7	6	60	60
8〜9	1,950(Ⅱ) 2,200(Ⅲ)	1,800(Ⅱ) 2,000(Ⅲ)	40	40	20〜30		700	700	9	8.5	450	400	1.1 1.2	1.0 1.1	1.2 1.3	1.1 1.2	8	7	70	70
10〜11	2,300(Ⅱ) 2,550(Ⅲ)	2,150(Ⅱ) 2,400(Ⅲ)	50	50	20〜30		800	800	10	月経なし9 月経あり13	550	500	1.2 1.4	1.2 1.3	1.4 1.5	1.3 1.4	10	7	80	80

ビタミン、ミネラルなどが豊富で栄養価が高い緑黄色野菜をとり入れた献立です。野菜が嫌いな子供でも、ベーコンの風味を加えると食べやすくなります。主食はパンやごはんばかりでなく、シリアルを使うと変化がつきますし、ヨーグルト、牛乳などの乳製品が無理なくとれます。

和風バリエ1
サケのおろしあえ（53㌻）
きのこ雑炊（96㌻）
いちご（102㌻）

和風バリエ2
煮やっこ（57㌻）
梅おにぎり（98㌻）
ブルーベリーヨーグルト（101㌻）

洋風バリエ1
オムレツ（49㌻）
ハムとピーマンのいためごはん（97㌻）
コーンスープ（86㌻）

洋風バリエ2
ソーセージのボイル（51㌻）
フルーツサンド（94㌻）
野菜スープ（86㌻）

食べ盛りの中学生、高校生の朝ごはん

油脂をうまく使って腹もちをよくします。
一品に複数の素材を使って、
ボリュームアップと栄養価を高めるように心がけましょう。

ソーセージとキャベツのいため物（52ページ）
きのことごぼうのサラダ（79ページ）
小松菜と油揚げのみそ汁（84ページ）
じゃことわかめの混ぜごはん（97ページ）
1人分571kcal　塩分4.5g

すぐにおなかがすいてしまう年頃なので、昼ごはんまで空腹にならないようなおかずをくふうしましょう。腹もちをよくするには、調理に適度に油脂を使うのがコツ。油の場合は1食に大さじ1/2〜2/3くらいを目安にします。ごはんとパンを比べると、同じエネルギーならごはんのほうが重量があるので、満足感が得られます。
体が作られる大事な時期なので、一品に複数の素材を使ってボリュームアップと栄養価の充実をはかりましょう。
写真の献立はソーセージをたくさん入れたボリュームのあるいため物に、カルシウムたっぷりの混ぜごはんを組み合わせたものです。きのことごぼうのサラダは食物繊維が豊富で、ローエネルギーで満足感のある一品です。みそ汁はビタミンA、カルシウムがたっぷりの小松菜と、こくとボリュームが出る油揚げを具にしました。
【中学生・高校生（12〜18歳）の食事摂取基準推奨量は31ページ】

和風バリエ 1
豆腐チャンプルー（43ヂ）
青梗菜の明太子いため（54ヂ）
サケおにぎり（98ヂ）
牛乳（101ヂ）

和風バリエ 2
蒸し鶏のサラダ（52ヂ）
ハムとほうれん草のいため物（51ヂ）
雑煮（96ヂ）

洋風バリエ 1
ひき肉とトマトのいため物（53ヂ）
キャベツのいためサラダ（68ヂ）
白菜とベーコンのスープ（86ヂ）
ジャムとクリームチーズの
ベーグルサンド（94ヂ）

洋風バリエ 2
卵のマヨネーズいため（49ヂ）
かぼちゃのチーズソースサラダ（69ヂ）
コーンスープ（86ヂ）
パンケーキ（95ヂ）

食べ盛りの中学生、高校生の朝ごはん

目玉焼き（45ページ）
ハムとピーマンのいためごはん（97ページ）
フルーツヨーグルトサラダ（101ページ）
1人分625kcal　塩分2.3g

【中学生・高校生(12〜18歳)の食事摂取基準推奨量(身体活動レベルⅠ・Ⅱ)】(朝食で1/3量を目安にとるようにします。※1は目標量、※2は目安量)

年齢(歳)	エネルギー(kcal) 男	女	たんぱく質(g) 男	女	脂肪エネルギー比(%)※1 男	女	カルシウム(mg)※1 男	女	鉄(mg) 男	女	ビタミンA(μg) 男	女	ビタミンB1(mg) 男	女	ビタミンB2(mg) 男	女	ビタミンE(mg)※2 男	女	ビタミンC(mg) 男	女
12〜14	2,350(Ⅰ) 2,650(Ⅱ)	2,050(Ⅰ) 2,300(Ⅱ)	60	55	20〜30	20〜30	900	750	11.5	月経なし 9 月経あり13.5	700	550	1.3 1.4	1.1 1.2	1.4 1.6	1.2 1.4	10	8	100	100
15〜17	2,350(Ⅰ) 2,750(Ⅱ)	1,900(Ⅰ) 2,200(Ⅱ)	65	50	20〜30	20〜30	850	600	10.5	月経なし 7.5 月経あり 11	700	600	1.3 1.5	1.0 1.2	1.4 1.7	1.0 1.3	10	9	100	100
18〜29	2,300(Ⅰ) 2,650(Ⅱ)	1,750(Ⅰ) 2,050(Ⅱ)	60	50	20〜30	20〜30	650	600	7.5	月経なし 6.5 月経あり10.5	750	600	1.2 1.4	0.9 1.1	1.4 1.6	1.1 1.2	9	8	100	100

ハムとピーマンのいためごはんに目玉焼きをのせ、一皿で栄養的にも量的にも満足感のあるようにします。フルーツたっぷりのデザートサラダで、不足しがちなビタミン類とカルシウムをとります。こうすれば、品数はおさえても育ち盛りの子供に不可欠なたんぱく質とカルシウムがきちんととれます。

和風バリエ 1
いり卵(48ページ)

小松菜とサクラエビのお焼き(88ページ)

牛乳(101ページ)

和風バリエ 2
小松菜ともやしのナムル(64ページ)

焼きうどん(88ページ)

野菜ジュース(100ページ)

洋風バリエ 1
バナナとキウイ入りスクランブルエッグ(47ページ)

野菜のミルクスープ(86ページ)

はちみつバタートースト(92ページ)

洋風バリエ 2
シシャモのフライパン焼き(54ページ)

ピザトースト(93ページ)

いちごのヨーグルトかけ(102ページ)

大急ぎで食べたい
中学生、高校生の朝ごはん

簡単に食べられて野菜やたんぱく質源になる食品を加えた主食を考えましょう。
汁物は具だくさんに、飲み物はくだものや野菜を使うとビタミン類が補給できます。

厚焼き卵（49ページ）
小松菜のおかかマヨネーズあえ（65ページ）
かぼちゃと玉ねぎのみそ汁（85ページ）
サケおにぎり（98ページ）
1人分607kcal　塩分4.8g

体が大きくなり、食欲も旺盛になってきています。ただし、5分でも長く寝ていたいのもこの時期です。朝ごはん抜きで家を飛び出して、コンビニで調理パンを買って……、などということは避けたいものです。
成長期なのできちんと栄養をとらなければなりません。大急ぎでも手軽に食べられるおにぎりと卵焼きの組み合わせでエネルギー源とたんぱく質を確保します。ビタミン、ミネラルは、カルシウムの多い小松菜をマヨネーズであえたボリュームのある副菜にします。みそ汁はビタミンA、Eが豊富なかぼちゃなどをたっぷり入れておかず兼用の一品にします。お好み焼きや具だくさんのサンドイッチなどは、たんぱく質、ビタミン、ミネラルが一品でバランスよくとれるので、大急ぎのときのお助け料理として重宝します。
【中学生・高校生（12～18歳）の食事摂取基準推奨量は35ページ】

和風バリエ1

シシャモのフライパン焼き(54ページ)

オクラ納豆(77ページ)

納豆おろしうどん(97ページ)

じゃが芋とわかめのみそ汁(84ページ)

和風バリエ2

冷ややっこ(56ページ)

れんこんのきんぴら(70ページ)

キャベツと豚肉のお好み焼き(88ページ)

牛乳(101ページ)

洋風バリエ1

卵のソース焼き(41ページ)

サーモンとクリームチーズのベーグルサンド(94ページ)

キウイフルーツ(101ページ)

バナナ入りきな粉ドリンク(101ページ)

洋風バリエ2

キャベツとハムの卵いため(47ページ)

ピザトースト(93ページ)

バナナ(102ページ)

カフェオレ(100ページ)

大急ぎで食べたい
中学生、高校生の朝ごはん

ソーセージのソテー(52ページ)
野菜サンド(94ページ)
バナナミルクドリンク(100ページ)
1人分531kcal　塩分1.9g

【中学生・高校生(12〜18歳)の食事摂取基準推奨量(身体活動レベルⅠ・Ⅱ)】(朝食で⅓量を目安にとるようにします。※1は目標量、※2は目安量)

年齢(歳)	エネルギー(kcal)		たんぱく質(g)		脂肪エネルギー比(%)※1		カルシウム(mg)※1		鉄(mg)		ビタミンA(μg)		ビタミンB₁(mg)		ビタミンB₂(mg)		ビタミンE(mg)※2		ビタミンC(mg)	
	男	女	男	女	男	女	男	女	男	女	男	女	男	女	男	女	男	女	男	女
12〜14	2,350(Ⅰ) 2,650(Ⅱ)	2,050(Ⅰ) 2,300(Ⅱ)	60	55	20〜30	20〜30	900	750	11.5	月経なし 9 月経あり13.5	700	550	1.3 1.4	1.1 1.2	1.4 1.6	1.2 1.4	10	8	100	100
15〜17	2,350(Ⅰ) 2,750(Ⅱ)	1,900(Ⅰ) 2,200(Ⅱ)	65	50	20〜30	20〜30	850	600	10.5	月経なし 7.5 月経あり 11	700	600	1.3 1.5	1.0 1.2	1.4 1.7	1.0 1.3	10	9	100	100
18〜29	2,300(Ⅰ) 2,650(Ⅱ)	1,750(Ⅰ) 2,050(Ⅱ)	60	50	20〜30	20〜30	650	600	7.5	月経なし 6.5 月経あり10.5	750	600	1.2 1.4	0.9 1.1	1.4 1.6	1.1 1.2	9	8	100	100

簡単につまめるサンドイッチには野菜をたっぷりはさみます。飲み物に使ったバナナは炭水化物が多く、エネルギー補給に役立ちます。牛乳と組み合わせるとカルシウムもとれ、成長期の朝ごはんにぴったりです。

和風バリエ1

蒸し鶏のサラダ(52ページ)

納豆おかかチャーハン(88ページ)

牛乳(101ページ)

和風バリエ2

温泉卵のなめたけおろしかけ(45ページ)

焼きおにぎり(98ページ)

野菜ジュース(100ページ)

洋風バリエ1

ソーセージのスープ煮(42ページ)

ごまチーズトースト(92ページ)

ミルクティー(100ページ)

洋風バリエ2

ブロッコリー入りスクランブルエッグ(46ページ)

はちみつバタートースト(92ページ)

レモンキャロットジュース(101ページ)

単身赴任の中高年の男性の朝ごはん

朝ごはんで一日に必要な野菜の⅓量以上（150ｇ）をとるようにします。
切るだけ、ゆでるだけの野菜料理や野菜ジュースがおすすめです。

ハムエッグ（45ページ）
トマトのサラダ（76ページ）
バタートースト（93ページ）
野菜ジュース（100ページ）
1人分476kcal　塩分2.8ｇ

単身赴任をしていると、どうしても外食が多くなります。外食で不足しがちなビタミン類をいかに簡単にとるかがポイントです。食品でいうと野菜、きのこ、海藻、くだものを意識してとるように心がけましょう。朝ごはんで一日に必要な野菜の⅓量以上（150ｇ）くらいをとるようにすると、外食が多い生活でも栄養バランスがとれ、生活習慣病の予防にもなります。
野菜ジュースは調理の必要がなくミキサーにかけるだけでできるので、料理が苦手な人にはおすすめです。切るだけで食べられる生野菜やゆでっぱなしの野菜料理を覚えておくとよいでしょう。トマトのサラダと野菜ジュースはビタミンA、Cが豊富ですし、食物繊維もとれます。
【30～69歳・男性の食事摂取基準推奨量は39ページ】

和風バリエ1

シシャモのフライパン焼き(54ページ)

釜あげほうれん草(63ページ)

精白米ごはん(90ページ)

バナナ入りきな粉ドリンク(101ページ)

和風バリエ2

焼き厚揚げ(56ページ)

菜の花の納豆あえ(66ページ)

じゃことわかめの混ぜごはん(97ページ)

みかん(102ページ)

洋風バリエ1

トマト入りレンジココット(51ページ)

小松菜のマスタードマヨネーズあえ(64ページ)

シリアルの牛乳かけ(95ページ)

カフェオレ(100ページ)

洋風バリエ2

ソーセージのボイル(51ページ)

アスパラガスのソテー(75ページ)

胚芽入り食パン(89ページ)

レモンキャロットジュース(101ページ)

単身赴任の中高年の男性の朝ごはん

オクラのおかかマヨネーズあえ(77ページ)

納豆おろしうどん(97ページ)

みかん(102ページ)

1人分449kcal　塩分2.8g

【30～69歳・男性の食事摂取基準推奨量（身体活動レベルⅠ）】（朝ごはんで1/3量を目安にとるようにします。※1は目標量、※2は目安量）

年齢・性別	エネルギー(kcal)	たんぱく質(g)	脂肪エネルギー比(%)※1	カルシウム(mg)※1	鉄(mg)	ビタミンA(μg)	ビタミンB1(mg)	ビタミンB2(mg)	ビタミンE(mg)※2	ビタミンC(mg)	食物繊維(g)※1
30～49歳・男性	2,250	60	20～25	600	7.5	750	1.2	1.4	8	100	20
50～69歳・男性	2,050	60	20～25	600	7.5	700	1.1	1.2	9	100	20

朝起きてごはんを炊き忘れた、買い置きのパンがないというときに、1分でゆであがる冷凍うどんは重宝します。納豆を加えるとわずかの手間でおいしさ、栄養価ともにアップします。牛乳などの乳製品、手でむけるみかんは手間をかけずにおいしく食べられるうえ、カルシウムやビタミンCといった不足しがちな栄養素が補えるので、ぜひ使ってほしい素材です。

和風バリエ1

焼きなす（69ページ）

ほうれん草のお浸し（62ページ）

なめこと豆腐のみそ汁（84ページ）

豆腐ごはん（98ページ）

和風バリエ2

焼きピーマン（71ページ）

きゅうりの漬け物（82ページ）

小松菜と油揚げのみそ汁（84ページ）

サケおにぎり（98ページ）

洋風バリエ1

ブロッコリーとアスパラのボイル（74ページ）

野菜のミルクスープ（86ページ）

ハムチーズトースト（92ページ）

ブルーベリーヨーグルト（101ページ）

洋風バリエ2

レタスのグリーンサラダ（78ページ）

簡単ガスパチョ（86ページ）

クラッカーのチーズのせ（95ページ）

キウイフルーツ（101ページ）

卵、肉、魚、豆・豆製品を使ったおかず

主菜

体の細胞や血液はたんぱく質が主な構成成分になって、毎日作りかえられています。不足することなく補給しましょう。朝食に使う肉や魚は、扱いが簡単で手軽に調理できる加工品──ソーセージ、ハム、干物、かまぼこなどを利用すると手間と時間が短縮できます。

主 菜

a

b

c

d

納豆入り卵焼き a

材料／1人分

a｛卵(割りほぐす)……1個　ひき割り納豆……20g　しょうゆ……小さじ1/3　小ねぎ(小口切り)……5g　しょうゆ……小さじ1/4　塩……少量｝
油……小さじ1
b｛青じそ1枚　おろし大根40g｝
1人分163kcal　塩分0.9g

①aを混ぜ、油を熱したフライパンに流し入れ、半熟状になったら大きく混ぜ、片側に巻き寄せ、全体に焼き色をつける。
②アルミ箔に包んで成形し、あら熱がとれたら切り、bと盛る。

小松菜とサクラエビの卵焼き b

材料／1人分

a｛卵(割りほぐす)……1個　だし……小さじ2　砂糖小さじ1/4　塩・しょうゆ……各少量　サクラエビ……大さじ1　小松菜(ゆでて1cmに切る)……30g｝
油……小さじ1
b｛青じそ1枚　おろし大根40g｝
1人分137kcal　塩分0.9g

①aを混ぜ、油を熱したフライパンに流し入れ、半熟状になったら大きく混ぜ、片側に巻き寄せ、全体に焼き色をつける。
②アルミ箔に包んで成形し、あら熱がとれたら切り、bと盛る。

卵のソース焼き c

材料／1人分

卵……1個　油……小さじ1
a｛ウスターソース(中濃)・トマトケチャップ……各小さじ1/2｝
キャベツ(太めのせん切り)……50g
b｛塩・こしょう……各少量｝
パセリ……適量
1人分132kcal　塩分0.8g

①フライパンに油を熱して卵を割り入れ、黄身の縁が半熟状になったら半分に折りたたみ、フライ返しで縁を押さえ、端に寄せる。
②キャベツを入れていため、bで調味して皿に盛る。卵は両面に焼き色をつけ、aを加えてからめ、キャベツの皿に盛り、パセリを添える。

アスパラガスとトマトの卵いため d

材料／1人分

卵……1個　トマト……1/4個
グリーンアスパラガス……2本
油……大さじ1　塩・こしょう各少量
1人分149kcal　塩分1.0g

①トマトは一口大に切る。アスパラは根元のかたい部分を除き、塩少量(分量外)を加えた湯でゆで、水にとり、水けをきって乱切りにする。
②フライパンに油を熱し、アスパラ、トマトの順に加えてはいため、全体に油をまわし、塩とこしょうをふる。
③割りほぐした卵を加えてスプーンで大きく混ぜながら火を通す。

41

ソーセージのスープ煮 a

材料／1人分
ソーセージ（斜めに3本ずつ切り目を入れる）………2本
キャベツ（くし形切り）………100g
玉ねぎ（くし形切り）………¼個
a ｛水⅔カップ　顆粒ブイヨン小さじ⅓
　　ロリエ………½枚
塩・こしょう各少量　ディル適量
1人分173kcal　塩分1.7g

① なべにaと玉ねぎを入れて火にかけ、煮立ったらソーセージとキャベツを入れる。
② 再度煮立ったら火を弱め、野菜がやわらかくなるまで煮、塩とこしょうで味をととのえる。
③ 器に盛り、ディルを添える。

ツナと豆腐のいため物 b

材料／1人分
ツナ油漬け缶詰め（油はきる）30g
もめん豆腐………½丁　油…大さじ½
しょうがのみじん切り………適量
コーン（ホール缶詰め）………20g
にら（3cmに切る）………10g
a ｛しょうゆ………小さじ½
　　塩……小さじ⅙　こしょう少量
1人分271kcal　塩分1.8g

豆腐はキッチンペーパーに包んで電子レンジ（600W）で2分加熱し、あらくくずし、半量の油を熱したフライパンでいため、とり出す。残りの油を加え、しょうが、コーン、ツナ、にら、豆腐の順に加えてはいため、aで調味する。

肉野菜いため c

材料／1人分
｛豚もも薄切り肉（3cm角切り）
　　　　………50g
｛塩………少量　酒………小さじ1
キャベツ（3cm角に切る）……1枚
ピーマン（太めのせん切り）…½個
にんじん（短冊切り）………10g
油………大さじ½
a ｛塩・こしょう………各少量
　　しょうゆ………小さじ⅓
1人分175kcal　塩分1.1g

豚肉は塩と酒をふり、油を熱したフライパンでいため、色が変わったらにんじん、ピーマン、キャベツの順に加えてはいためる。野菜がしんなりしたらaを加え、いため合わせる。

いり豆腐 d

材料／1人分
｛もめん豆腐………½丁
｛ねぎ（5mm厚さのぶつ切り）・
　　にんじん（短冊切り）…各10g
a ｛サクラエビ………大さじ½
糸三つ葉（1cmに切る）………適量
油…大さじ½　とき卵…½個分
b ｛酒…大さじ½　しょうゆ小さじ1
　　砂糖……小さじ½　塩……少量
1人分231kcal　塩分1.7g

豆腐はキッチンペーパーで包み、電子レンジ（600W）で1分半加熱し、くずす。油を熱したなべで｛をいため、aを加えてひと混ぜし、bを加えていため、卵を加えていりつけ、三つ葉を加え混ぜる。

主菜

照り焼き豆腐 a

材料／1人分
もめん豆腐……………………1/2丁
油・しょうゆ・みりん…各大さじ1/2
a { かぶ(半月切り)………小1個
かぶの葉(小口切り)……適量
塩………………………少量
1人分203kcal　塩分1.6g

①豆腐はキッチンペーパーで包み、電子レンジ(600W)で1分半加熱して水けをきり、厚みを半分に切る。
②aは混ぜ合わせ、汁けを絞る。
③熱した油で①の両面をこんがりと焼き、しょうゆとみりんを加えてからめる。
④皿に③を盛り、②を添える。

豆腐チャンプルー b

材料／1人分
もめん豆腐…1/2丁　油……大さじ1/2
にら(3cmに切る)……………10g
ねぎ(斜め薄切り)……………1/4本
にんじん(せん切り)…………10g
豚赤身ひき肉…………………30g
a { しょうゆ小さじ1/2　塩…小さじ1/6
こしょう……………………少量
とき卵…………………………1/2個分
1人分268kcal　塩分1.6g

①豆腐は照り焼き豆腐の①と同様にして水けをきり、くずす。
②フライパンに油を熱し、①をこんがりと焼き、とり出す。続けてねぎ、ひき肉、にんじん、にら、豆腐の順に加えてはいため、aで調味し、卵を加え、大きく混ぜる。

厚揚げとキャベツの みそいため c

材料／1人分
厚揚げ(油抜きする)…………1/2枚
キャベツ(3cm角に切る)……1枚
ピーマン(短冊切り)…………1/2個
玉ねぎ(くし形切り)…………30g
にんじん(短冊切り)…………10g
油………………………………大さじ1/2
a { みそ…大さじ1/2　砂糖…小さじ1
しょうゆ…小さじ2/3　酒大さじ1/2
1人分239kcal　塩分1.8g

　熱した油で一口大に切った厚揚げをいためてとり出し、にんじん、玉ねぎ、ピーマン、キャベツの順に加えてはいためる。しんなりとしたら厚揚げを戻し入れ、aを加えて汁けをとばしながらいためる。

おからのいり煮 d

材料／1人分
おから………50g　油……小さじ1
しょうが(みじん切り)………1/4かけ
サクラエビ……………………大さじ1
にんじん(せん切り)…………10g
生しいたけ(薄切り)…………1枚
a { だし…大さじ3　砂糖…小さじ2
しょうゆ…小さじ1　塩…少量
b { さやいんげん(ゆでる)…1/2本
1人分137kcal　塩分1.1g

①なべに油としょうがを熱し、香りが立ったらにんじん、しいたけ、サクラエビの順に加えてはいため、全体に油がまわったらおからを加えていためる。
②aを加え、汁けをとばしながら煮る。斜め薄切りのbを盛り添える。

43

豆腐の
カリカリじゃこサラダ a

材料／1人分
もめん豆腐……………½丁
トマト…¼個　オクラ…2〜3本
a ｛ちりめんじゃこ………大さじ1
　　油………………………小さじ1
　　しょうゆ小さじ1　酢大さじ½
　　砂糖……小さじ⅓　塩…少量
1人分175kcal　塩分1.6g

①トマトは一口大に切る。オクラは塩少量（分量外）をふっていたずりし、さっとゆで、1cm幅の小口切りにする。
②油でじゃこを色よくいため、aの調味料に加え混ぜる。
③食べやすく手でくずした豆腐と①を皿に盛り、②をかける。

温泉卵 b

材料／1人分
卵(室温にもどす)……………1個
a ｛だし………………………¼カップ
　　みりん……………………小さじ1
　　しょうゆ…………………小さじ¼
　　塩…………………………少量
1人分92kcal　塩分0.6g

①なべに湯を沸かし、70℃になったら卵を入れて25〜30分おく（途中湯温が下がったら弱火にかけ、70℃前後を保つ）。冷水にとる。
②aは小なべに入れ、煮立たせる。
③①を小鉢に割り入れ、あら熱をとった②をかける。

半熟卵 c

材料／1人分
卵(室温にもどす)……………1個
塩……………………………少量
1人分76kcal　塩分0.5g

①卵はなべに入れ、かぶるくらいの水を入れて火にかける。沸騰後5分ゆで、すぐに冷水にとってさます。
②水けをふいてエッグスタンドに立て、スプーンでたたいて割れ目を入れ、上の部分だけ殻を除き、塩をふる。

温泉卵のサラダ d

材料／1人分
卵(室温にもどす)……………1個
レタス……2枚　京菜……30g
トマト………………………¼個
a ｛酢…………………………大さじ½
　　油…………………………小さじ1
　　しょうゆ…………………小さじ½
　　塩…………………………少量
1人分136kcal　塩分1.0g

①卵は70℃に保った湯に入れて25〜30分おき、冷水にとる。
②レタスと京菜は食べやすく手でちぎり、トマトは薄切りにする。
③皿に②を盛り合わせ、①を殻を割ってのせ、混ぜ合わせたaをかける。

主菜

温泉卵の なめたけおろしかけ a

材料／1人分
卵(室温にもどす)……………1個
大根………………………100g
なめたけ(びん詰め)………大さじ1
青じそ………………………1枚
1人分100kcal　塩分0.8g

①卵は70℃に保った湯に入れて25〜30分おき、冷水にとる。
②大根はすりおろして汁けを軽くきり、なめたけと混ぜ合わせる。
③小鉢に青じそを敷き、①を割り入れ、②をかける。

ハムエッグ b

材料／1人分
卵………………………………1個
ハムの薄切り…………………1枚
油……………………………小さじ1
塩・こしょう………………各少量
クレソン……………………適量
1人分152kcal　塩分1.0g

①フライパンに油を熱し、半分に切ったハムを入れ、少し焼き色がつくまで焼き、ハムの上に卵を割り入れる。
②塩とこしょうをふって好みのかたさになるまで火を通す。
③皿に盛り、クレソンを添える。

目玉焼き c

材料／1人分
卵………………………………1個
油……………………………小さじ1
塩・こしょう………………各少量
クレソン……………………適量
1人分113kcal　塩分0.5g

①フライパンに油を熱し、卵を割り入れ、塩とこしょうをふって好みのかたさになるまで火を通す。
②皿に盛り、クレソンを添える。

ゆで卵のサラダ d

材料／1人分
卵(室温にもどす)……………1個
トマト……1/4個　きゅうり…1/4本
レタス………………………2枚
マヨネーズ…………………小さじ2
チャービル…………………適量
1人分146kcal　塩分0.4g

①卵はかたゆでにし、殻をむいて輪切りにする。トマトはくし形切り、きゅうりは斜め薄切りにする。
②レタスは食べやすい大きさにちぎり、水につけてパリッとさせ、水けをふく。
③皿に①②を盛り、マヨネーズとチャービルを添える。

45

スクランブルエッグ　a

材料／1人分
卵………………………………1個
塩・こしょう………………各少量
油………………………………小さじ1
ディル…………………………適量
1人分113kcal　塩分0.5g

①ボールに卵を割りほぐし、塩とこしょうを加えて混ぜる。
②フライパンに油を熱し、①を流し入れてスプーンで大きくかき混ぜながら半熟状に火を通す。
③皿に盛り、ディルを添える。

ブロッコリー入りスクランブルエッグ　b

材料／1人分
卵………………………………1個
ブロッコリー…70g　油…大さじ1/2
塩・こしょう………………各少量
1人分155kcal　塩分1.0g

①ブロッコリーは小房に切り分け、塩少量（分量外）を加えた沸騰湯でかためにゆで、湯をきる。
②卵を割りほぐし、塩とこしょう各少量で調味する。
③フライパンに油を熱し、①を軽くいためて塩とこしょうをふり、②を流し入れてスプーンで大きく混ぜながら半熟状に火を通す。

チーズ入りスクランブルエッグ　c

材料／1人分
卵………………………………1個
プロセスチーズ………………15g
塩・こしょう………………各少量
油………………………………小さじ1
チャービル……………………適量
1人分164kcal　塩分0.9g

①チーズは5mm角に切る。
②卵を割りほぐし、チーズ、塩、こしょうを加えてさっと混ぜる。
③フライパンに油を熱し、②の卵液を流し入れ、スプーンで大きく混ぜながら半熟状に火を通す。
④すぐに皿に盛ってチャービルを添える。

コーンとほうれん草入りスクランブルエッグ　d

材料／1人分
卵……1個　ほうれん草……50g
a ｛コーン（ホール缶詰め・汁けをきる）……………………20g
　　塩・こしょう…………各少量
油………………………………大さじ1/2
b ｛塩・こしょう…………各少量
1人分158kcal　塩分0.9g

①ほうれん草は塩少量（分量外）を加えた湯でかためにゆで、冷水にとり、水けを絞って2cmに切る。
②卵を割りほぐし、aを混ぜる。
③フライパンに油を熱し、①を軽くいため、bをふり、②を加えて混ぜながら半熟状に火を通す。

主 菜

バナナとキウイ入り スクランブルエッグ a

材料／1人分
卵‥‥‥‥‥‥‥‥‥‥‥‥1個
バナナ‥‥‥‥‥‥‥‥‥‥1/2本
キウイフルーツ‥‥‥‥‥‥1/2個
砂糖‥‥‥‥‥‥‥‥‥‥小さじ1
バター‥‥‥‥‥‥‥‥‥大さじ1/2
1人分186kcal　塩分0.3g

①バナナは皮をむき、5mm厚さの輪切りにする。キウイは皮をむき、一口大に切る。
②卵を割りほぐし、砂糖を加え混ぜる。
③フライパンにバターを熱し、①をいため、②を流し入れてスプーンで大きく混ぜながら半熟状に火を通す。

キャベツとハムの 卵いため b

材料／1人分
卵‥‥‥‥‥‥‥‥‥‥‥‥1個
キャベツ・ハムの薄切り…各1枚
玉ねぎ‥‥‥30g　油‥‥大さじ1/2
塩・こしょう‥‥‥‥‥‥各少量
1人分195kcal　塩分1.5g

①キャベツは3cm角に切り、ハムは短冊切りに、玉ねぎは薄切りにする。
②フライパンに油を熱し、ハム、玉ねぎ、キャベツの順に加えてはいため、野菜がしんなりとしたら、塩とこしょうをふる。
③割りほぐした卵を加え、スプーンで大きく混ぜながら火を通す。

きのこ入り スクランブルエッグ c

材料／1人分
卵‥‥‥‥‥‥‥‥‥‥‥‥1個
マッシュルーム‥‥‥‥‥‥2個
しめじ‥‥‥‥‥‥‥‥‥‥30g
油・大さじ1/2　塩・こしょう各少量
1人分139kcal　塩分0.8g

①きのこはともに石づきを除き、マッシュルームは縦半分に、しめじは小房に分ける。
②卵を割りほぐし、塩とこしょうを加え混ぜる
③フライパンに油を熱し、①をいため、しんなりとしてきたら塩とこしょうをふり、②を流し入れ、スプーンで大きく混ぜながら半熟状に火を通す。

もやしとにらの 卵いため d

材料／1人分
卵‥‥‥‥‥‥‥‥‥‥‥‥1個
もやし‥‥‥‥‥‥‥‥‥‥70g
にら‥‥‥‥‥‥‥‥‥‥‥20g
油‥‥‥‥‥‥‥‥‥‥‥大さじ1/2
塩・こしょう‥‥‥‥‥‥各少量
1人分146kcal　塩分1.0g

①もやしは時間に余裕があればひげ根をとり除く。にらは3cm長さに切る。
②フライパンに油を熱し、もやし、にらの順に加えてはさっといため、塩とこしょうをふる。
③割りほぐした卵を加えてスプーンで大きく混ぜながら火を通す。

いり卵 a

材料／1人分

卵‥‥‥‥‥‥‥‥‥‥‥1個
a ┤しょうゆ‥‥‥‥小さじ1/3
　 │塩‥‥‥‥‥‥‥‥‥少量
　 └砂糖‥‥‥‥‥‥‥小さじ1
さやえんどう‥‥‥‥‥‥1枚
1人分89kcal　塩分0.6g

①卵は割りほぐしてaを加えて混ぜる。
②なべに①を流し入れて菜箸4〜5本で混ぜながらぽろりとなるまでいる。
③小鉢に盛り、ゆでてせん切りにしたさやえんどうを添える。

さやえんどうとおかかのいり卵 b

材料／1人分

卵‥‥‥‥‥‥‥‥‥‥‥1個
さやえんどう(ゆでる)‥‥10枚
にんじん(せん切り)‥‥‥10g
　 ┌削りガツオ‥‥‥大さじ1
a ┤しょうゆ 小さじ1/3 塩…少量
　 └砂糖‥‥‥‥‥‥‥小さじ1
油‥‥‥‥‥‥‥‥‥‥小さじ1
1人分141kcal　塩分0.7g

①卵は割りほぐし、aを加えて混ぜ合わせる。
②フライパンに油を熱し、にんじん、さやえんどうの順に加えていため、火が通ったら①を流し入れてぽろりとなるまでいる。

明太子と三つ葉のいり卵 c

材料／1人分

卵‥‥‥‥‥‥‥‥‥‥‥1個
からし明太子‥‥‥‥‥‥15g
三つ葉‥‥‥‥‥‥‥‥‥10g
a ┤しょうゆ‥‥‥‥‥‥少量
　 └砂糖・酒‥‥‥‥各小さじ1
1人分113kcal　塩分1.2g

①明太子は手で小さくちぎる。三つ葉は1〜2cm長さに切る。
②卵は割りほぐして、aと①を加えて混ぜる。
③なべに②を流し入れて菜箸4〜5本で混ぜながらぽろりとなるまでいる。

じゃことわかめのいり卵 d

材料／1人分

卵‥‥‥‥‥‥‥‥‥‥‥1個
わかめ‥‥‥‥もどして20g
ちりめんじゃこ‥‥‥大さじ1
ねぎ‥‥‥10g　油‥‥小さじ1
a ┤しょうゆ…小さじ1/3 塩…少量
　 └砂糖‥‥‥‥‥‥‥小さじ1
1人分136kcal　塩分1.1g

①わかめは食べやすい大きさに切る。ねぎは小口切りにする。
②卵は割りほぐしてaを混ぜる。
③フライパンに油を熱し、じゃこ、ねぎ、わかめを加えていため、全体に油がまわったら②を加えてぽろりとなるまでいる。

主菜

卵のマヨネーズいため a

材料／1人分
卵……………………………1個
塩・こしょう……………各少量
マヨネーズ……………大さじ½
クレソン……………………適量
1人分116kcal　塩分0.5g

①卵は割りほぐして塩とこしょうを加え混ぜる。
②フライパンにマヨネーズを入れて熱し、とけ始めたら①を流し入れ、スプーンで大きく混ぜながら好みのかたさになるまで火を通す。
③皿に盛り、クレソンを添える。

ひじき入り卵焼き b

材料／1人分
卵(割りほぐす)……………1個
ひじきの煮物(61ページ参照)…½人分
油……………………………小さじ1
青じそ…1枚　おろし大根…40g
1人分171kcal　塩分0.9g

①ひじきの煮物はざるにあげ、汁けをきる。
②卵に①を加え混ぜ、油を熱したフライパンに流し入れる。半熟状になったら大きく混ぜ、片側に巻き寄せ、全体に焼き色をつける。
③アルミ箔に包んで成形し、あら熱をとり、食べやすい大きさに切る。青じそ、大根とともに盛る。

厚焼き卵 c

材料／1人分
卵(割りほぐす)……………1個
a ｛酒…小さじ1　砂糖…小さじ⅔
　　塩・しょうゆ……………各少量
　　だし………………………小さじ2
油……………………………小さじ1
青じそ…1枚　おろし大根…40g
1人分133kcal　塩分0.6g

①卵はaを加えて混ぜる。
②フライパンに油を熱し、①を流し入れ、半熟状になったらスプーンで大きく混ぜ、片側に巻き寄せて全体に焼き色をつける。
③アルミ箔に包んで成形し、あら熱がとれたら適当な大きさに切る。
④青じそ、大根を盛り添える。

オムレツ d

材料／1人分
a ｛卵(割りほぐす)…………2個
　　牛乳………………………大さじ1
　　塩・こしょう……………各少量
バター大さじ½　チャービル…適量
1人分207kcal　塩分1.1g

①フライパンにバターを熱し、混ぜ合わせたaを一度に流し入れ、スプーンで大きく混ぜながら火を通す。半熟状になったらフライパンを向こう側に傾け、卵を折りたたむようにして端へ寄せる。
②フライパンの縁で木の葉形に整え、合わせ目を下にして少し焼く。皿に盛り、チャービルを添える。

チーズ入りオムレツ

材料／1人分

a ｛ 卵（割りほぐす）……… 2個
プロセスチーズ（1cm角に切る）……… 15g
牛乳……… 大さじ1
塩・こしょう……… 各少量 ｝
バター…大さじ½　チャービル適量
1人分257kcal　塩分1.5g

① フライパンにバターを熱し、混ぜ合わせたaを入れ、大きく混ぜながら火を通す。半熟状になったらフライパンを向こう側に傾け、卵を折りたたんで端へ寄せる。
② フライパンの縁で形を整える。皿に盛ってチャービルを添える。

ハムとピーマン入りオムレツ

材料／1人分

a ｛ 卵（割りほぐす）……… 2個
ハムの薄切り（角切り）… 1枚
ピーマン（角切り）……… ½個
牛乳……… 大さじ1
塩・こしょう……… 各少量 ｝
バター…大さじ½　チャービル適量
1人分249kcal　塩分1.6g

① フライパンにバターを熱し、混ぜ合わせたaを流し入れ、大きく混ぜて半熟状に焼く。
② フライパンを向こう側に傾け、卵を折りたたんで端へ寄せ、フライパンの縁で形を整える。
③ 皿に盛り、チャービルを添える。

マッシュルームと玉ねぎ入りオムレツ

材料／1人分

a（混ぜる）｛ 卵（割りほぐす）……… 2個
マッシュルーム（缶詰め、薄切り）……… 10g
玉ねぎ（みじん切り）…… 10g
パセリのみじん切り…小さじ½
牛乳……… 大さじ1
塩・こしょう……… 各少量 ｝
バター大さじ½　b｛チャービル適量
1人分213kcal　塩分1.3g

フライパンにバターを熱し、aを流し入れ、スプーンで大きく混ぜて半熟状に焼く。フライパンを傾け、卵を折りたたんで端へ寄せ、縁に沿って成形する。bを添える。

小松菜と油揚げの卵とじ

材料／1人分

卵……… 1個
小松菜（かためにゆでる）…… 50g
油揚げ……… ¼枚
a ｛ だし…大さじ3　みりん大さじ½
しょうゆ…小さじ1　塩…少量 ｝
1人分129kcal　塩分1.4g

① 小松菜は3cm長さに切る。油揚げは熱湯をかけて油抜きし、2cm角に切る。
② なべにaを煮立て、油揚げを入れ、再び煮立ったら小松菜を加え、さっと煮る。卵を割りほぐしてまわし入れ、ふたをして火を弱め、半熟状に火を通す。

菜の花とアサリの卵とじ

材料／1人分

卵……… 1個
アサリのむき身（缶詰め）……30g
菜の花（かためにゆでる）…… 50g
a ｛ だし……大さじ3　塩……少量
みりん……… 大さじ½
しょうゆ……… 小さじ1 ｝
1人分153kcal　塩分1.7g

① アサリは汁けをきる。菜の花は3cm長さに切る。
② なべにaを煮立て、菜の花を入れてひと煮し、アサリを加え、煮立ったらアクを除く。
③ 卵を割りほぐしてまわし入れ、半熟状に火を通す。

キャベツとハムの巣ごもり卵

材料／1人分

卵………1個　油……大さじ½
a ｛ キャベツ（太いせん切り）60g
ハムの薄切り（太いせん切り）……… 1枚 ｝
塩・こしょう……… 各少量
1人分184kcal　塩分1.5g

① フライパンに油を熱し、aをいため、キャベツがしんなりとしたら塩とこしょう各少量をふる。
② 耐熱容器に①を敷き、卵を割り入れる。
③ 黄身にようじで小さな穴をあけ、電子レンジ（600W）強で1分半、弱で1分加熱する。好みで塩とこしょうをふって食べる。

主菜

トマト入りレンジココット

材料／1人分
- 卵……………………………1個
- トマト………………………1/2個
- 塩・こしょう………………各少量
- パセリのみじん切り………適量

1人分95kcal　塩分1.1g

①トマトはへたを除き、一口大に切る。
②耐熱容器に①を入れ、卵を割り入れ、塩とこしょうをふる。
③黄身にようじで小さな穴をあけ、電子レンジ(600W)強で1分、弱で1分半加熱する。とり出してパセリを散らす。

ハムのソテー

材料／1人分
- ハムの薄切り………………2枚
- 油……………………………小さじ1
- パセリ………………………適量

1人分116kcal　塩分1.0g

フライパンに油を熱し、ハムを入れて両面をこんがりと焼く。皿に盛り、パセリを添える。

ハムと小ねぎのレンジココット

材料／1人分
- 卵……………………………1個
- 塩・こしょう………………各少量
- ハムの薄切り………………1枚
- 小ねぎ………………………10g

1人分118kcal　塩分1.2g

①卵は割りほぐして塩とこしょうで調味する。
②ハムは5mm角に切り、小ねぎは小口切りにする。
③①と②を混ぜ合わせ、耐熱容器に流し入れる。
④電子レンジ(600W)強で1分、弱で2分加熱する。

ハムとほうれん草のいため物

材料／1人分
- ハムの薄切り………………2枚
- ほうれん草…………………80g
- 油……………………………小さじ1
- 塩・こしょう………………各少量

1人分132kcal　塩分1.4g

①ハムは8等分に切る。ほうれん草は塩少量(分量外)を加えた湯でゆで、冷水にとり、水けを絞って3cm長さに切る。
②フライパンに油を熱し、ハム、ほうれん草の順に加えてはため、塩とこしょうで調味する。

ポーチドエッグ

材料／1人分
- 卵……………………………1個
- ほうれん草…………………70g
- トマトケチャップ…………大さじ1/2

1人分98kcal　塩分0.4g

①ほうれん草は3cm長さに切り、塩と油各少量(分量外)を加えた沸騰湯でゆで、ざるにとる。
②なべにたっぷりの湯を沸かし、塩と酢各少量(分量外)を加え、卵を静かに割り入れ、黄身を包むように菜箸で白身を寄せて形を整えながらゆでる。黄身が半熟状になったらとり出す。
③皿に①を盛り、②をのせ、ケチャップを添える。

ソーセージのボイル

材料／1人分
- ソーセージ…………………2本
- クレソン……………………適量

1人分129kcal　塩分0.8g

ソーセージは斜めに3本ずつ切り目を入れ、沸騰湯でゆで、皿に盛り、クレソンを添える。

51

ソーセージのソテー

材料／1人分
ソーセージ……………………2本
油………………………………小さじ1
クレソン………………………適量
1人分166kcal　塩分0.8g

　ソーセージは斜めに3本ずつ切り目を入れる。フライパンに油を熱し、ソーセージを入れてこんがりと焼く。皿に盛ってクレソンを添える。

ベーコンとブロッコリーのいため物

材料／1人分
ベーコンの薄切り……………1枚
ブロッコリー…………………80g
油…小さじ1　塩・こしょう各少量
1人分145kcal　塩分1.0g

①ベーコンは1cm幅に切る。ブロッコリーは小房に切り分け、塩少量（分量外）を加えた湯でかためにゆで、湯をきる。
②フライパンに油を熱し、ベーコンをいため、火が通ったらブロッコリーを加える。
③全体に油がまわったら塩とこしょうで調味する。

ソーセージとキャベツのいため物

材料／1人分
ソーセージ……………………2本
キャベツ………………………70g
油………………………………小さじ1
塩・こしょう…………………各少量
1人分182kcal　塩分1.3g

①ソーセージは斜め薄切りにし、キャベツは1cm幅に切る。
②フライパンに油を熱し、ソーセージ、キャベツの順に加えてはいため、キャベツがしんなりとなったら塩とこしょうで調味する。

蒸し鶏のサラダ

材料／1人分
鶏胸肉（皮なし）……………50g
塩………少量　酒………小さじ1
きゅうり（せん切り）………1/4本
トマト（くし形切り）………1/4個
レタス（一口大にちぎる）……1枚
a ┌ 酢…大さじ1/2　しょうゆ小さじ1
　└ ごま油…小さじ1/2　塩……少量
1人分99kcal　塩分1.3g

①鶏肉は耐熱容器に入れ、塩と酒をふってラップをかぶせ、電子レンジ（600W）で1分半加熱する。あら熱がとれたら手であらく裂く。
②皿に①と野菜を盛り、混ぜ合わせたaをかける。

アスパラガスのベーコン巻き

材料／1人分
グリーンアスパラガス………2本
ベーコンの薄切り……………1枚
1人分90kcal　塩分0.4g

①アスパラは根元のかたい部分を切り除き、塩少量（分量外）を加えた沸騰湯でゆで、水にとってさまし、長さを半分に切る。
②ベーコンは長さを半分に切る。
③ベーコン1切れにアスパラを2本ずつのせ、端からくるくると巻いて巻き終わりをようじで止める。
④フライパンを熱し、③を入れて全体をこんがりと焼く。

ささ身の梅チーズ焼き

材料／1人分
鶏ささ身（筋を除く）………2本
塩………少量　酒………小さじ1/2
スライスチーズ………………1/2枚
油………………………………小さじ1
梅干し（細かくたたく）……1/2個
青じそ…………………………1枚
1人分159kcal　塩分1.5g

①ささ身は観音開きにし、塩と酒をふる。チーズは縦4等分に切る。ささ身にチーズをはさむ。
②フライパンに油を熱し、①を入れて焼き、中まで火を通す。
③②に梅干しを塗り、一口大に切り、青じそを敷いた皿に盛る。

主菜

ひき肉とトマトのいため物

材料／1人分
豚ひき肉(赤身)……………30g
トマト(一口大に切る)………¼個
玉ねぎ(くし形切り)…………30g
ピーマン(短冊切り)…………½個
油………………………小さじ1
a { 塩・こしょう………各少量
    しょうゆ………小さじ½
1人分118kcal　塩分1.2g

　フライパンに油を熱し、ひき肉をいため、肉の色が変わったら玉ねぎ、ピーマン、トマトの順に加えてはいため、全体に油がまわったらaを加えて調味する。

サケのおろしあえ

材料／1人分
甘塩ザケ……………………1切れ
おろし大根…………………100g
青じそ………………………1枚
1人分217kcal　塩分1.8g

①サケは熱した焼き網で両面をこんがりと焼き、中まで火を通す。あら熱がとれたら骨と皮を除いて、身を大きめにほぐす。
②①とおろし大根をあえ混ぜて、青じそを敷いた小鉢に盛る。

サケの塩焼き

材料／1人分
甘塩ザケ……………………1切れ
おろし大根…………………40g
青じそ………………………1枚
1人分207kcal　塩分1.8g

①サケは熱した焼き網で、盛ったとき表になる側を下にして中火で焼き色がつくまで5分焼く。
②裏返して5分焼いて火を通す。
③皿に青じそを敷き、②を盛り、おろし大根を添える。

サケのしょうが風味焼き

材料／1人分
生ザケ………………………1切れ
a { 塩………少量　酒……小さじ1
ピーマン(せん切り)…………1個
えのきたけ(石づきを除く)…20g
油……………………………大さじ½
b { しょうゆ・みりん…各大さじ½
    おろししょうが………¼かけ分
1人分233kcal　塩分2.1g

①サケはaをふって20分おく。
②油を熱したフライパンに①を入れ、両面を色よく焼いて火を通す。フライパンのあいたところでえのきとピーマンをいためる。
③bを加えて味をからませる。

サケの焼き浸し

材料／1人分
甘塩ザケ……………………1切れ
ししとうがらし………………5本
しめじ………………………20g
a { だし……大さじ2　酒……小さじ1
    しょうゆ…小さじ¼　塩…少量
1人分214kcal　塩分2.1g

①サケは熱した焼き網に盛ったとき表になる側を下にしてのせ、中火で両面をこんがりと焼き、火を通す。
②ししとうは切り目を入れ、しめじはほぐし、焼き網で焼く。
③①②が熱いうちに混ぜ合わせたaにつけ、あら熱がとれるまでおく。

アジの干物

材料／1人分
アジの干物…………………1枚
1人分101kcal　塩分1.0g

　干物は、熱した焼き網にのせ、両面を色よく焼いて火を通す。

アジの干物の しそおろしかけ

材料／1人分
アジの干物……………………1枚
おろし大根……………………100g
青じそ……1枚　塩……少量
1人分119kcal　塩分1.6g

①干物は、熱した焼き網にのせ、両面を色よく焼いて火を通す。あら熱がとれたら皮と骨を除き、身を大ぶりにほぐす。
②青じそはせん切りにし、水に浸してアクを除き、水けをきる。{の材料を混ぜ合わせる。
③①を小鉢に盛り、②をのせる。

シラスおろし

材料／1人分
シラス干し……………………大さじ1
おろし大根……………………100g
塩………………………………少量
青じそ…………………………1枚
レモン…………………………適量
1人分25kcal　塩分0.8g

　シラス、おろし大根、塩を合わせてあえ混ぜ、青じそを敷いた小鉢に盛り、一口大に切ったレモンを添える。

シシャモの フライパン焼き

材料／1人分
シシャモ………………………3尾
ピーマン・赤ピーマン……各½個
油………………………………大さじ½
塩………………………………少量
レモンのくし形切り……………適量
1人分170kcal　塩分1.1g

①ピーマン2種はそれぞれ縦半分に切る。
②フライパンに油を熱し、シシャモを両面色よく焼き、中まで火を通す。フライパンのあいたところで①を焼き、塩をふる。
③②を皿に盛り、レモンを添える。

ツナサラダ

材料／1人分
キャベツ………………………50g
ツナ油漬け缶詰め………………20g
マヨネーズ……………………小さじ2
パセリのみじん切り……………適量
1人分123kcal　塩分0.4g

①キャベツは太めのせん切りにし、塩少量(分量外)をふって軽く混ぜ、しばらくおく。しんなりしたら汁けを絞る。ツナ缶は油をきる。
②①をマヨネーズであえる。皿に盛り、パセリを散らす。

青梗菜の明太子いため

材料／1人分
青梗菜…………………………1株
生しいたけ……………………1枚
からし明太子…………………10g
油・酒…………………………各小さじ1
塩………………………………少量
1人分66kcal　塩分1.3g

①青梗菜は4cm長さに切り、根元の太い部分は4～6つに切る。しいたけは軸を除いて薄切りにする。
②明太子はあらくほぐす。
③フライパンに油を熱し、①を入れていため、塩をふり、②を加えて酒をふり、さっといためる。

ちくわと野菜の いため物

材料／1人分
ちくわ(1cm幅の斜め切り)…1本
にんじん(短冊切り)……………20g
キャベツ(3cm角に切る)……80g
ピーマン(短冊切り)……………½個
油………………………………大さじ1
a｛塩・こしょう……………各少量
　しょうゆ……………………小さじ½
1人分178kcal　塩分1.2g

　フライパンに油を熱し、ちくわをいため、油がまわったらにんじん、キャベツ、ピーマンの順に加えてはいため、aで調味する。

主菜

かまぼこのわさびあえ

材料／1人分
かまぼこ(薄切りにする)……30g
わかめ………………もどして20g
きゅうり…………………………20g
プチトマト(へたを除く)……2個
a ｛わさび漬け……………小さじ1
　 ｛しょうゆ………………小さじ1/3
1人分49kcal　塩分1.5g

①わかめは食べやすい大きさに切る。きゅうりは縦半分に切って斜め薄切りにし、塩少量(分量外)をふり、しんなりしたら水けを絞る。プチトマトは縦半分に切る。
②かまぼこと①をaであえる。

さつま揚げの煮物

材料／1人分
さつま揚げ(半分に切る)……2枚
青梗菜……1株　まいたけ…30g
a ｛だし……………………2/3カップ
　 ｛しょうゆ・酒・砂糖各大さじ1/2
1人分159kcal　塩分3.1g

①青梗菜は3cm長さに切り、根元の太い部分は4～6つに切る。まいたけは石づきを除いて小房に分ける。
②なべにaを入れて煮立て、さつま揚げとまいたけを入れ、再び煮立ったら弱火で10分煮る。
③青梗菜を根元、葉の順に加え、しんなりしたら火を消す。

はんぺんのバター焼き

材料／1人分
はんぺん…1枚　バター…小さじ1
グリーンアスパラガス………2本
トマト……………………………1/4個
1人分142kcal　塩分1.6g

①アスパラは根元のかたい部分を折り除き、塩少量(分量外)を加えた沸騰湯でかためにゆで、水にとってさまし、長さを半分に切る。トマトはくし形切りにする。
②フライパンにバターをとかし、はんぺんを入れて両面をこんがりと焼く。
③②を半分に切って皿に盛り、①を添える。

目刺しの
レモンおろしかけ

材料／1人分
目刺し……………………………4尾
おろし大根……………………70g
青じそ……………………………1枚
レモン……………………………適量
1人分178kcal　塩分1.8g

①目刺しは熱した焼き網で両面を色よく焼いて、火を通す。
②皿に青じそを敷き、①を盛り、おろし大根をのせ、一口大に切ったレモンを添える。

笹かまの照り焼き

材料／1人分
笹かまぼこ……………………3枚
ピーマン・赤ピーマン……各1/2個
油………………………………小さじ1
a ｛しょうゆ・みりん……各小さじ1
1人分120kcal　塩分2.4g

①ピーマン2種は2cm長さの短冊切りにする。
②フライパンに油を熱し、笹かまぼこを入れ、両面をこんがりと焼く。フライパンのあいたところで①を焼く。
③焼き色がついたら弱火にして余分の油をふきとり、aを加えてからめる。

ちくわと大根の煮物

材料／1人分
ちくわ(2cm幅の斜め切り)…1本
大根……100g　にんじん……30g
a ｛だし……………………1/2カップ
　 ｛しょうゆ………………小さじ2
　 ｛酒・砂糖……………各大さじ1/2
さやいんげん(ゆでる)………2本
1人分176kcal　塩分3.8g

①大根は厚めに皮をむき、1.5cm厚さの半月切りに、にんじんは乱切りにする。
②なべに①、ちくわ、aを入れて大根がやわらかくなるまで煮、3cm長さに切ったさやいんげんを加えてひと煮する。

冷ややっこ

材料／1人分
- もめん豆腐……………½丁
- しょうが……………¼かけ
- 小ねぎ………………適量
- 削りガツオ…………大さじ1
- しょうゆ……………小さじ1

1人分118kcal　塩分0.9g

①しょうがはすりおろし、小ねぎは小口切りにする。
②豆腐は食べやすい大きさに切って皿に盛り、①、削りガツオをのせ、しょうゆをかける。

豆腐のおかかまぶし焼き

材料／1人分
- もめん豆腐……………½丁
- 油・しょうゆ・みりん…各大さじ½
- 削りガツオ…………適量
- 小松菜(ゆでて3cmに切る)…80g
- プチトマト…………3個

1人分220kcal　塩分1.3g

①豆腐はキッチンペーパーで包み、電子レンジ(600W)で1分半加熱して水けをきり、厚みを半分に切る。
②熱した油で①の両面をこんがりと焼き、しょうゆとみりんを加えてからめ、削りガツオをまぶす。
③皿に②を盛り、野菜を添える。

中国風冷ややっこ

材料／1人分
- 絹ごし豆腐……………½丁
- レタス……2枚　セロリ……20g
- トマト………………¼個
- a　しょうゆ・酢……各小さじ1
- 　　ごま油……………小さじ½

1人分124kcal　塩分0.9g

①レタスは一口大にちぎり、セロリは斜め薄切りにし、それぞれ塩少量(分量外)をふって、しんなりしたら水で洗い、水けを絞る。
②トマトは食べやすく切る。
③豆腐を皿に盛り、①②をのせ、混ぜ合わせたaをかける。

焼き厚揚げ

材料／1人分
- 厚揚げ………………½枚
- おろし大根…………50g
- おろししょうが………¼かけ分
- 青じそ………………1枚
- しょうゆ……………小さじ1

1人分127kcal　塩分0.9g

①焼き網を熱し、厚揚げをこんがりと焼き、1cm厚さに切る。
②皿に青じそを敷き、①を盛り、おろし大根とおろししょうがを添え、好みでしょうゆをかける。

豆腐とわかめのサラダ

材料／1人分
- もめん豆腐……………⅓丁
- ほうれん草(やわらかい葉)…30g
- わかめ………もどして20g
- トマト(いちょう切りにする)……50g
- a　油・酢……………各大さじ½
- 　　しょうゆ…小さじ⅔　塩…少量

1人分150kcal　塩分1.4g

①ほうれん草は冷水に浸してパリッとさせ、水けをふく。わかめは食べやすい大きさに切る。
②豆腐は食べやすい大きさに切って皿に盛り、①とトマトをのせ、混ぜ合わせたaをかける。

厚揚げと青梗菜の煮物

材料／1人分
- 厚揚げ………………½枚
- 青梗菜………………1株
- a　だし………………¼カップ
- 　　砂糖……………小さじ1
- 　　しょうゆ・酒……各大さじ½

1人分148kcal　塩分1.5g

①厚揚げは熱湯をまわしかけて油抜きをし、2cm厚さに切る。
②青梗菜は3cm長さに切る。
③なべにaを入れて煮立て、①を入れ、再び煮立ったら弱火で、10分煮る。
④青梗菜を根元、葉の順に加え、しんなりしたら火を消す。

主 菜

厚揚げの
なめこおろしあんかけ

材料／1人分
厚揚げ……½枚　なめこ……50g
おろし大根……………………50g
a ┃みりん・しょうゆ…各小さじ1
　┃だし………………………¼カップ
小ねぎ…………………………適量
1人分149kcal　塩分0.9g

①厚揚げは熱湯をまわしかけて油抜きをする。水けをふき、半分に切る。
②なべになめこを入れ、aとおろし大根を加えてさっと煮る。
③小鉢に①を盛り、②をかけ、小口切りにした小ねぎを散らす。

納豆の梅おろしかけ

材料／1人分
納豆……………………………40g
梅干し…………………………½個
おろし大根……………………50g
青じそ…………………………2枚
しょうゆ……………………小さじ⅓
1人分92kcal　塩分1.2g

①梅干しは手でちぎる。青じそはせん切りにする。
②納豆、梅干し、おろし大根を混ぜ合わせて小鉢に盛り、青じそをのせる。好みでしょうゆをかける。

煮やっこ

材料／1人分
絹ごし豆腐……………………½丁
ねぎ……………………………¼本
　┃だし………………………⅓カップ
a ┃しょうゆ…………………小さじ⅔
　┃みりん……………………小さじ1
1人分107kcal　塩分0.6g

①豆腐は半分に切る。ねぎは斜めに切る。
②なべに豆腐とaを入れて火にかけ、煮立ったら火を弱め、ねぎを加えて火を通す。

にらとチーズ入り納豆

材料／1人分
ひき割り納豆…………………40g
にら……………………………30g
プロセスチーズ………………15g
しょうゆ……………………小さじ⅔
1人分138kcal　塩分1.0g

①にらは塩少量（分量外）を加えた沸騰湯でゆで、冷水にとり、水けを絞って2cm長さに切る。チーズは5mm角に切る。
②①、納豆、しょうゆを合わせて混ぜ、小鉢に盛る。

納豆

材料／1人分
納豆……………………………40g
しょうゆ……………………小さじ⅔
小ねぎ…………………………適量
1人分83kcal　塩分0.6g

　納豆を小鉢に盛り、小口切りにした小ねぎを散らす。食べるときにしょうゆをかける。

がんもどきとオクラの
煮物

材料／1人分
がんもどき…小3個　オクラ2本
　┃だし………………………½カップ
a ┃酒・砂糖………………各大さじ½
　┃しょうゆ…小さじ1　塩…少量
1人分173kcal　塩分1.4g

①がんもどきは熱湯をかけて油抜きをする。
②オクラは塩少量（分量外）をふって板ずりしてゆで、冷水にとって水けをきる。斜め半分に切る。
③なべにaを入れて煮立て、がんもどきを入れ、再び煮立ったら弱火にして10分煮る。オクラを加えてひと煮する。

大豆の煮物

材料／1人分
水煮大豆‥‥‥‥‥‥‥‥‥‥70g
こんぶ…5cm角を1枚　水…½ｶﾞ
こんにゃく…30g　にんじん20g
a ｛しょうゆ大さじ½　砂糖小さじ2
　　酒……小さじ1　塩……少量
1人分144kcal　塩分1.9g

① こんぶは分量の水でもどし1cm角に切る。もどし汁はとっておく。
② こんにゃくはゆで、にんじんとともにそれぞれ1cm角に切る。
③ なべにこんぶともどし汁を入れて火にかけ、煮立ちかけたら大豆と②とaを加え、弱火で汁けがなくなるまで煮る。

油揚げと小松菜の煮浸し

材料／1人分
油揚げ‥‥‥‥‥‥‥‥‥‥‥1枚
小松菜‥‥‥‥‥‥‥‥‥‥‥80g
a ｛だし‥‥‥‥‥‥‥‥‥‥⅓ｶﾞ
　　みりん・しょうゆ…各小さじ1
　　塩‥‥‥‥‥‥‥‥‥‥‥少量
1人分108kcal　塩分1.2g

① 油揚げは沸騰湯にさっとくぐらせて油抜きをし、大きめの短冊に切る。
② 小松菜は3cm長さに切る。
③ なべにaを入れて煮立て、①②を入れて煮立ったら火を弱めてひと煮する。

油揚げの網焼き

材料／1人分
油揚げ‥‥‥‥‥‥‥‥‥‥‥1枚
おろししょうが‥‥‥‥‥‥¼ｶｹ分
青じそ‥‥‥‥‥‥‥‥‥‥‥1枚
しょうゆ‥‥‥‥‥‥‥‥小さじ½
1人分80kcal　塩分0.4g

① 油揚げは熱した焼き網で両面をこんがりと焼き、食べやすい大きさに切る。
② しそを敷いた皿に油揚げを盛り、おろししょうがを添える。好みでしょうゆをかける。

油揚げの納豆、チーズ詰め焼き

材料／1人分
油揚げ‥‥‥‥‥‥‥‥‥‥‥1枚
｛ひき割り納豆‥‥‥‥‥‥‥20g
　しょうゆ‥‥‥‥‥‥‥小さじ⅓
プロセスチーズ‥‥‥‥‥‥‥20g
ねぎ‥‥‥¼本　青じそ‥‥‥1枚
1人分190kcal　塩分0.9g

① 油揚げは横半分に切り、袋状に開く。
② 納豆はしょうゆを加え混ぜ、チーズは5mm角に切り、ねぎは小口切りにし、すべて混ぜ合わせる。
③ ①に②を詰め、ようじで口を閉じ、熱した焼き網で色よく焼く。
④ しそを敷いた皿に盛る。

油揚げと白菜の煮物

材料／1人分
油揚げ‥‥‥‥‥‥‥‥‥‥‥½枚
白菜‥‥‥‥‥‥‥‥‥‥‥‥100g
サクラエビ‥‥‥‥‥‥‥大さじ½
a ｛だし‥‥‥‥‥‥‥‥‥‥⅓ｶﾞ
　　酒・しょうゆ・みりん各小さじ1
　　塩‥‥‥‥‥‥‥‥‥‥‥少量
1人分83kcal　塩分1.3g

① 油揚げは沸騰湯にさっとくぐらせて油抜きをし、短冊切りにする。白菜は1～2cm幅に食べやすいように切る。
② なべにaを入れて煮立て、①とサクラエビを入れ、煮立ったら火を弱めて白菜に火が通るまで煮る。

凍り豆腐の牛乳煮

材料／1人分
凍り豆腐（じか煮用）‥‥‥‥1枚
a ｛牛乳‥‥‥½ｶﾞ　塩‥‥‥少量
　　砂糖‥小さじ1　酒‥小さじ¾
　　しょうゆ‥‥‥‥‥‥小さじ¼
小松菜（かためにゆでる）‥‥80g
1人分183kcal　塩分1.0g

① 浅なべにaを入れて火にかけ、煮立ちかけたら凍り豆腐を入れ、静かに煮立たせながら10分煮る。
② 凍り豆腐をとり出し、煮汁を煮つめ、3cm長さに切った小松菜を加えて煮からめる。
③ 凍り豆腐は一口大に切って小鉢に盛り、小松菜を添える。

野菜、きのこ、こんにゃく、海藻を使ったおかず

副菜

野菜、きのこ、こんにゃく、海藻を主材料にしたミネラル、ビタミン、食物繊維が豊富なおかずです。ほかの栄養をいくら充分にとっていても、これらの栄養素が欠けると有効に働きません。いわば、体の調子をととのえる潤滑油となるおかずです。

ほうれん草の
カテージチーズあえ a

材料／1人分

ほうれん草…80g　しめじ…20g
a ｛カテージチーズ…………20g
　　練り白ごま・しょうゆ各小さじ1
　　砂糖………………小さじ1/2
いり白ごま………………小さじ1/3
1人分91kcal　塩分1.1g

①ほうれん草は塩少量（分量外）を加えた沸騰湯でゆで、冷水にとってさまし、水けを絞り、3cm長さに切る。
②しめじは小房に分けてゆでる。
③練りごまはよく混ぜて香りを立て、aの残りを加えてなめらかに混ぜ、①②をあえる。
④小鉢に盛り、ごまをふる。

ごぼうのきんぴら b

材料／1人分

ごぼう……40g　しらたき…50g
青じそ…1枚　赤とうがらし1/4本
油…………………………小さじ1
a ｛しょうゆ・みりん…各大さじ1/2
1人分95kcal　塩分1.3g

①ごぼうはささがきにし、水につけてアクを除き、水けをきる。しらたきはゆで、食べやすい長さに切る。
②青じそはせん切り、赤とうがらしは種を除いて小口切りにする。
③フライパンに油を熱し、①をいため、全体に油がまわったらaと②を加えて汁けがなくなるまでいためる。

キャベツのスープ煮 c

材料／1人分

キャベツ…100g　玉ねぎ…1/4個
ベーコンの薄切り……………1/4枚
a ｛水……1/2カップ　ロリエ…1/2枚
　　顆粒ブイヨン…………小さじ1/4
b ｛塩・こしょう…………各少量
パセリのみじん切り…………適量
1人分64kcal　塩分1.2g

①キャベツは3cm角に切り、ベーコンは一口大に切る。
②玉ねぎは薄切りにする。
③なべにaと②を入れて煮立て、①を加え、野菜がやわらかくなるまで煮、bで調味する。
④器に盛り、パセリをふる。

ピクルス d

材料／1人分

きゅうり…1/4本　にんじん…15g
セロリ…1/4本　カリフラワー…40g
a ｛酢・白ワインか水…各大さじ1
　　砂糖…小さじ1　ロリエ…1/4枚
　　塩…小さじ1/4　こしょう…少量
1人分29kcal　塩分0.8g

①きゅうりは縦半分に切り、2cm幅の斜め切り、にんじんは拍子木切り、セロリは斜め切り、カリフラワーは小房に切り分ける。
②耐熱容器にaを入れてラップをかぶせ、電子レンジ（600W）で1分加熱し、にんじんとカリフラワーを入れ、ラップをかぶせて1分加熱する。きゅうりとセロリを加えてひと混ぜし、そのまますます。

副菜

a　　　　　　　　　　　　　　　b
c　　　　　　　　　　　　　　　d

マッシュルームの
カレーピクルス a

材料／1人分

a ┌ マッシュルーム（縦半分に切る）……10個
　└ 玉ねぎ（みじん切り）……10g
b ┌ 酢……大さじ2　ロリエ……1/4枚
　│ 白ワイン・水……各大さじ1
　│ 砂糖……大さじ1/2　塩……小さじ1/4
　└ カレー粉……小さじ1/6
ディル……適量
1人分17kcal　塩分0.8g

①耐熱容器にbを入れ、ラップをかぶせて電子レンジ（600W）で2分加熱する。
②aを加え、ラップをかぶせて1分加熱する。あら熱がとれたらディルを加え、冷蔵庫で冷やす。

ひじきの煮物 b

材料／1人分

生ひじき……70g　にんじん……10g
油揚げ……1/4枚　サクラエビ大さじ1
油……小さじ1
a ┌ だし……1/4カップ　酒……小さじ1/2
　└ しょうゆ・砂糖……各小さじ1
1人分103kcal　塩分1.4g

①ひじきは水洗いして水けをきる。
②にんじんはせん切りにし、油揚げは熱湯をまわしかけて油抜きをし、短冊切りにする。
③なべに油を熱し、①をいため、全体に油がまわったら②を加えてひと混ぜし、aを加える。煮立ったらサクラエビを加え、火を弱め、汁けがなくなるまで煮る。

なめことオクラの
マヨネーズあえ c

材料／1人分

なめこ……1/2袋　しょうゆ……小さじ1/2
オクラ……3本
a ┌ マヨネーズ……大さじ1/2
　└ しょうゆ……小さじ1/4
いり白ごま……小さじ1/3
1人分63kcal　塩分0.8g

①なめこはさっとゆでて、湯をきり、しょうゆをふる。
②オクラは塩少量（分量外）をふって板ずりし、沸騰湯でさっとゆで、冷水にとり、水けをきって小口切りにする。
③①②をaであえ、小鉢に盛ってごまをふる。

ひじきのサラダ d

材料／1人分

生ひじき……70g　しょうゆ小さじ1/3
にんじん……10g　きゅうり……20g
a ┌ 練り白ごま・マヨネーズ
　│ ……各小さじ1
　└ しょうゆ……小さじ1/2
いり白ごま……小さじ1/3
1人分87kcal　塩分1.2g

①ひじきは水洗いし、水けをきってしょうゆをまぶす。
②にんじんときゅうりはせん切りにし、それぞれ塩少量（分量外）をふり、しんなりしたら水洗いし、水けを絞る。
③①②を混ぜ合わせたaであえて小鉢に盛り、ごまをふる。

ほうれん草のお浸し a

材料／1人分
ほうれん草……………………80ｇ
a ｛だし……………………大さじ1/2
　 しょうゆ…………………小さじ2/3
1人分19kcal　塩分0.6ｇ

①ほうれん草は塩少量(分量外)を加えた沸騰湯でゆで、冷水にとってさまし、水けを絞り、3cm長さに切る。
②だしとしょうゆを合わせ、①をあえる。

ほうれん草のソテー b

材料／1人分
ほうれん草……………………100ｇ
油………………………………小さじ1
塩・こしょう……………………各少量
1人分57kcal　塩分0.7ｇ

①ほうれん草は塩少量(分量外)を加えた沸騰湯でかためにゆで、冷水にとってさまし、水けを絞り、3cm長さに切る。
②フライパンに油を熱し、①を入れていため、全体に油がまわったら塩とこしょうで調味する。

ほうれん草のごまあえ c

材料／1人分
ほうれん草……………………80ｇ
a ｛練り白ごま………………小さじ1
　 しょうゆ…………………小さじ2/3
　 砂糖………………………小さじ1/2
1人分55kcal　塩分0.6ｇ

①ほうれん草は塩少量(分量外)を加えた沸騰湯でゆで、冷水にとってさまし、水けを絞り、3cm長さに切る。
②aを混ぜ合わせ、①を加えてあえ混ぜる。

ほうれん草とにんじんのナムル d

材料／1人分
ほうれん草…80ｇ　にんじん20ｇ
a ｛ごま油……………………小さじ1/2
　 しょうゆ…………………小さじ1/3
　 塩・一味とうがらし…各少量
いり白ごま……………………小さじ1/3
1人分50kcal　塩分0.6ｇ

①ほうれん草は塩少量(分量外)を加えた沸騰湯でゆで、冷水にとって水けを絞り、3cm長さに切る。
②にんじんはせん切りにし、ラップに包んで電子レンジ(600W)で20秒加熱する。
③①と②をaであえ、小鉢に盛ってごまを散らす。

副 菜

a

b

c

d

釜あげほうれん草 a

材料／1人分
ほうれん草……………………100g
しょうゆ……………………小さじ1/2
1人分22kcal　塩分0.4g

①ほうれん草は塩・油各少量（分量外）を加えた沸騰湯でゆで、湯をきる。
②①を皿に盛り、しょうゆをかける。

小松菜のからしあえ b

材料／1人分
小松菜……………………………100g
ときがらし……………………適量
しょうゆ………………………小さじ2/3
1人分20kcal　塩分0.7g

①小松菜は塩少量（分量外）を加えた沸騰湯でゆで、冷水にとってさまし、水けを絞り、3cm長さに切る。
②ときがらしとしょうゆを混ぜ合わせ、①を加えてあえる。

ほうれん草とえのきの磯辺あえ c

材料／1人分
ほうれん草70g　えのきたけ20g
だし…大さじ1/2　しょうゆ…小さじ2/3
焼きのり……………………少量
1人分22kcal　塩分0.6g

①ほうれん草は塩少量（分量外）を加えた沸騰湯でゆで、冷水にとってさまし、水けを絞り、3cm長さに切る。
②えのきは石づきを切り除き、3cm長さに切ってほぐし、さっとゆで、湯をきる。
③だしとしょうゆを合わせ、のりを小さくちぎって加え、①②をあえる。

小松菜のおかかあえ d

材料／1人分
小松菜……………………………100g
削りガツオ……………………適量
しょうゆ………………………小さじ2/3
1人分21kcal　塩分0.6g

①小松菜は塩少量（分量外）を加えた沸騰湯でゆで、冷水にとってさまし、水けを絞り、3cm長さに切る。
②①をしょうゆと削りガツオであえる。

小松菜ともやしの
ナムル a

材料／1人分

小松菜・もやし……………各50g
a ┃ しょうゆ……………小さじ1/3
  ┃ 塩・一味とうがらし…各少量
  ┃ ごま油………………小さじ1/2

1人分35kcal　塩分0.6g

①小松菜は塩少量（分量外）を加えた沸騰湯でゆで、冷水にとってさまし、水けを絞り、3cm長さに切る。
②もやしは時間があればひげ根を除き、沸騰湯でさっとゆで、ざるに広げてさます。
③①②をaであえる。

小松菜と厚揚げの
いため浸し b

材料／1人分

小松菜………………………80g
厚揚げ………………………30g
油……………………………小さじ1
a ┃ だし………………………1/4カップ
  ┃ しょうゆ・みりん…各小さじ1

1人分113kcal　塩分0.9g

①小松菜は3cm長さに切り、厚揚げは熱湯をかけて油抜きをし、薄切りにする。
②なべに油を熱し、厚揚げを入れていため、少しきつね色になったら小松菜の茎、葉の順に加えていため、全体に油がまわったらaを加えてひと煮する。

小松菜とじゃこの
煮浸し c

材料／1人分

小松菜………………………100g
ちりめんじゃこ……………大さじ1
a ┃ だし………………………1/4カップ
  ┃ しょうゆ・みりん…各小さじ1

1人分39kcal　塩分1.1g

①小松菜は3cm長さに切る。
②なべにaとちりめんじゃこを入れて煮立て、小松菜を茎、葉の順に加えてひと煮する。

小松菜のマスタード
マヨネーズあえ d

材料／1人分

小松菜………………………100g
a ┃ マヨネーズ…………大さじ1/2
  ┃ しょうゆ……………小さじ1/2
  ┃ 粒入りマスタード…小さじ1/3

1人分61kcal　塩分0.7g

①小松菜は塩少量（分量外）を加えた沸騰湯でゆで、冷水にとって水けを絞り、3cm長さに切る。
②aを混ぜ合わせ、小松菜を加えてあえる。

副菜

小松菜の
おかかマヨネーズあえ a

材料／1人分

小松菜……………………100g
a ┌マヨネーズ…………大さじ½
　│削りガツオ……………適量
　└しょうゆ……………小さじ½
1人分61kcal　塩分0.6g

①小松菜は塩少量（分量外）を加えた沸騰湯でゆで、すぐに冷水にとってさまし、水けを絞り、3cm長さに切る。
②aを混ぜ合わせ、小松菜を加えてあえる。

菜の花のマスタード
マヨネーズあえ b

材料／1人分

菜の花……………………80g
a ┌マヨネーズ…………小さじ1
　│粒入りマスタード……小さじ⅓
　└塩・こしょう………各少量
1人分58kcal　塩分0.7g

①菜の花は塩少量（分量外）を加えた沸騰湯でゆで、冷水にとって水けを絞り、3cm長さに切る。
②aを混ぜ合わせ、菜の花を加えてあえる。

菜の花のからしあえ c

材料／1人分

菜の花……………………80g
┌ときがらし……………適量
└しょうゆ……………小さじ⅔
1人分32kcal　塩分0.7g

①菜の花は塩少量（分量外）を加えた沸騰湯でゆで、すぐに冷水にとってさまし、水けを絞り、3cm長さに切る。
②ときがらしとしょうゆを混ぜ合わせ、菜の花をあえる。

菜の花のお浸し d

材料／1人分

菜の花……………………80g
┌だし…………………大さじ½
└しょうゆ……………小さじ⅔
1人分36kcal　塩分0.6g

①菜の花は塩少量（分量外）を加えた沸騰湯でゆで、冷水にとって水けを絞り、3cm長さに切る。
②だしとしょうゆを混ぜ合わせて菜の花をあえる。

菜の花の納豆あえ a

材料／1人分
菜の花‥‥‥‥‥‥‥‥‥‥70g
ひき割り納豆‥‥‥‥‥‥‥20g
しょうゆ‥‥‥‥‥‥‥‥小さじ1
1人分66kcal　塩分0.9g

①菜の花は塩少量(分量外)を加えた沸騰湯でゆで、冷水にとって水けを絞り、3cm長さに切る。
②納豆は半量のしょうゆと混ぜ合わせる。
③①②を合わせ、残りのしょうゆであえる。

青梗菜のおかかあえ b

材料／1人分
青梗菜‥‥‥‥‥‥‥‥‥‥1株
しょうゆ‥‥‥‥‥‥‥‥小さじ2/3
削りガツオ‥‥‥‥‥‥‥‥適量
1人分15kcal　塩分0.7g

①青梗菜は塩少量(分量外)を加えた沸騰湯でゆで、冷水にとって水けを絞り、3cm長さに切り、根元の太い部分は4〜6つに切る。
②①をしょうゆと削りガツオであえる。

菜の花の明太子マヨネーズあえ c

材料／1人分
菜の花‥‥‥‥‥‥‥‥‥‥80g
からし明太子‥‥‥‥‥‥‥10g
マヨネーズ‥‥‥‥‥‥‥大さじ1/2
1人分79kcal　塩分0.7g

①菜の花は塩少量(分量外)を加えた沸騰湯でゆで、冷水にとって水けを絞り、3cm長さに切る。
②明太子は薄皮をとり除き、マヨネーズと混ぜ合わせる。
③①を②であえる。

青梗菜とエリンギのいため物 d

材料／1人分
青梗菜‥‥‥‥‥‥‥‥‥‥1株
エリンギ‥‥‥‥‥‥‥‥‥1/2本
油‥‥‥‥‥‥‥‥‥‥‥大さじ1/2
塩‥‥‥‥‥‥‥‥‥‥‥小さじ1/5
こしょう‥‥‥‥‥‥‥‥‥少量
1人分68kcal　塩分1.3g

①青梗菜は3cm長さに切り、根元の太い部分は4〜6つに切る。エリンギは斜め薄切りにする。
②フライパンに油を熱しエリンギ、青梗菜の根元、葉の順に加えてはいため、塩とこしょうで調味する。

副菜

青梗菜のスープ煮 a

材料／1人分
青梗菜……………………1株
a ┌水………………1/3カップ
 │顆粒ブイヨン……小さじ1/4
 │塩………………小さじ1/6
 └しょうゆ…………………少量
1人分11kcal　塩分1.5g

①青梗菜は3cm長さに切り、根元は1枚ずつにはがす。
②なべにaを煮立て、青梗菜の根元、葉の順に加えてさっと煮る。

にんじんのドレッシング漬け b

材料／1人分
にんじん……………………1/2本
a ┌酢・油……………各大さじ1/2
 │白ワイン…………小さじ1
 └塩・こしょう………各少量
ディル………………………適量
1人分99kcal　塩分0.9g

①にんじんは皮むき器でりぼん状に削り、ラップに包んで電子レンジ(600W)で1分加熱する。
②混ぜ合わせたaの中に、にんじんを熱いうちに漬け、味がなじむまでおく。
③小鉢に盛り、ディルを添える。

にんじんの明太子いため c

材料／1人分
にんじん……………………80g
からし明太子………………10g
油……………………小さじ1
酒……………………小さじ1/2
しょうゆ……………小さじ1/3
1人分83kcal　塩分0.9g

①にんじんは細長い乱切りにする。明太子は薄皮をとり除く。
②フライパンに油を熱し、にんじんをいため、にんじんの周囲が少し透明になってきたら酒、しょうゆ、明太子を加え、汁けをとばしながらいためる。

にんじんとえのきのきんぴら d

材料／1人分
にんじん……………………50g
えのきたけ…………………1/2袋
油……………………小さじ1
a ┌しょうゆ・みりん…各小さじ2/3
 └赤とうがらしの小口切り少量
1人分79kcal　塩分0.6g

①にんじんはせん切りにし、えのきは石づきを切り除いてほぐす。
②フライパンに油を熱し、えのき、にんじんの順に加えてはためる。
③全体に油がまわったら、aを加えて味をからめるようにいためる。

にんじんの甘煮 a

材料／1人分

にんじん……………………100g
a ┤ だし……………………1/3カップ
　│ しょうゆ………………小さじ1/3
　│ 砂糖……………………大さじ1/2
　└ 塩………………………少量
1人分57kcal　塩分1.2g

①にんじんは乱切りにする。
②なべにaを煮立たせ、にんじんを加え、再び煮立ったら弱火にしてやわらかくなるまで煮る。

キャベツのレモンじょうゆあえ b

材料／1人分

キャベツ……………………100g
┤ レモン汁………………小さじ1/2
└ しょうゆ………………小さじ1
1人分28kcal　塩分0.9g

①キャベツは塩少量(分量外)を加えた沸騰湯でゆで、ざるにとって広げてさまし、3cm角に切って水けを絞る。
②しょうゆにレモン汁を混ぜ、①をあえる。

キャベツのいためサラダ c

材料／1人分

キャベツ(太めのせん切り)…100g
セロリ(筋を除いて薄切り)…1/4本
油……………………………小さじ1
塩・こしょう………………各少量
酢……………………………小さじ1
ディル………………………適量
1人分66kcal　塩分0.8g

①フライパンに油を熱し、キャベツ、セロリを入れていため、しんなりしてきたら塩とこしょうで調味する。
②仕上がり間際に酢を加えてひと混ぜし、火を消す。
③皿に盛り、ディルを散らす。

コーン入りコールスローサラダ d

材料／1人分

キャベツ(太めのせん切り)…80g
にんじん(せん切り)………10g
コーン(ホール缶詰め)……20g
　┤ プレーンヨーグルト…大さじ1
a │ 油…小さじ1　砂糖…小さじ1/2
　└ 塩・こしょう………各少量
チャービル…………………適量
1人分92kcal　塩分0.6g

①キャベツとにんじんはそれぞれ塩少量(分量外)をふり、しんなりしたら水洗いして水けを絞る。
②aはよく混ぜ、①と汁けをきったコーンを加えてあえる。
③器に盛り、チャービルを飾る。

かぼちゃのあずき煮

材料／1人分
かぼちゃ（種とわたを除く）…100g
ゆであずき（缶詰め）………20g
酒……………………小さじ1/2
しょうゆ……………小さじ1/3
1人分139kcal　塩分0.3g

①かぼちゃは食べやすい大きさに切り、耐熱容器に入れ、ラップをかぶせて電子レンジ（600W）で約3分加熱する。
②①にゆであずき、しょうゆ、酒を加えてひと混ぜし、ラップをかぶせて電子レンジ（600W）で30秒加熱する。

かぼちゃとツナのサラダ

材料／1人分
かぼちゃ（種とわたを除く）…100g
ほうれん草……………………30g
a ┌ツナ油漬け缶詰め（油をきる）
　│……………………………15g
　│マヨネーズ…………小さじ1
　└塩・こしょう…………各少量
1人分167kcal　塩分0.9g

①かぼちゃは5mm厚さ4cm長さのくし形切りにし、耐熱容器に入れてラップをかぶせ、電子レンジ（600W）で約3分加熱する。ほうれん草はゆでて冷水にとってさまし、水けを絞り、1cm長さに切る。
②混ぜ合わせたaで①をあえる。

かぼちゃのはちみつレモン風味

材料／1人分
かぼちゃ（種とわたを除く）…80g
レモンのいちょう切り3〜4切れ
はちみつ………………小さじ1
1人分94kcal　塩分0g

かぼちゃはくし形切りにして4cm長さに切り、耐熱容器に入れてラップをかぶせ、電子レンジ（600W）で約3分加熱する。熱いうちにレモンとはちみつを加え混ぜる。

かぼちゃの甘煮

材料／1人分
かぼちゃ（種とわたを除く）…100g
だし……………………1/2カップ
砂糖……………………大さじ1/2
しょうゆ………………小さじ1/2
1人分112kcal　塩分0.5g

①かぼちゃは3〜4cm角に切る。
②なべにだし、①を入れて煮立て、砂糖を加えて落としぶたをし、ふつふつの火加減で5〜10分煮る。
③しょうゆを加え、かぼちゃがやわらかくなり、味がなじむまで煮含める。

かぼちゃのチーズソースサラダ

材料／1人分
かぼちゃ（種とわたを除く）…100g
a ┌カテージチーズ………大さじ1
　│油………………………小さじ1
　│酢……………………小さじ1/2
　└塩・こしょう…………各少量
パセリのみじん切り……………適量
1人分143kcal　塩分0.6g

①かぼちゃはくし形切りにし、耐熱容器に入れてラップをかぶせ、電子レンジ（600W）で約3分加熱し、火を通す。
②①のあら熱がとれたら、混ぜ合わせたaであえ、器に盛り、パセリのみじん切りを散らす。

焼きなす

材料／1人分
なす……………………………2本
おろししょうが………………1/4かけ分
a ┌しょうゆ……………小さじ2/3
　└だし…………………大さじ1
1人分39kcal　塩分0.6g

①なすはへたにぐるりと切り目を入れ、ひらひらを切り除き、熱した焼き網にのせ、強火で中までやわらかくなるまで焼く。
②焼きたてを水にさっとくぐらせ、皮をむき捨て、食べやすく裂く。
③小鉢になすを盛り、しょうがを添え、混ぜ合わせたaをかける。

なすの中国風ソースかけ

材料／1人分

なす……………………… 2本
a ｛おろししょうが……… ¼かけ分
　　酢…小さじ1　しょうゆ小さじ1
小ねぎ（小口切り）……………… 1本
1人分43kcal　塩分0.9g

①なすはへたを切り除いて縦半分に切り、水につけてアクを除く。
②①をラップに包み、電子レンジ（600W）で1本につき1分30秒加熱し、ラップをとり除いて水に放し、水けをふいて縦5mm幅に切る。
③小鉢に②を盛り、混ぜ合わせたaをかけ、小ねぎを散らす。

なすの煮物

材料／1人分

なす……………………… 2本
だし………………………… ½カップ
砂糖・しょうゆ………… 各大さじ½
1人分61kcal　塩分1.4g

①なすはへたを切り除いて縦半分に切り、皮目に鹿の子状に切り目を入れ、斜め半分に切り、水につけてアクを除く。
②なべにだしとなすを入れて煮立て、砂糖としょうゆを加えてなすがやわらかくなるまで煮る。

れんこんの甘煮

材料／1人分

れんこん……………………… 80g
a ｛だし………………………… ½カップ
　　砂糖………………………… 大さじ1
　　しょうゆ…………………… 小さじ½
　　塩…………………………… 少量
さやいんげん（ゆでる）……… ½本
1人分92kcal　塩分0.9g

①れんこんは7mm厚さの輪切りにし、水につけてアクを除く。
②なべにaを煮立て、水けをきった①を入れてやわらかくなるまでことこと煮る。
③小鉢に盛り、5mm幅の斜め切りにしたいんげんを散らす。

れんこんのきんぴら

材料／1人分

れんこん…80g　生しいたけ1枚
油………………………… 小さじ1
a ｛しょうゆ・みりん…各小さじ1
　　赤とうがらしの小口切り少量
1人分112kcal　塩分1.0g

①れんこんは薄い半月切りにし、水につけてアクを除く。しいたけは軸を除いて薄切りにする。
②フライパンに油を熱し、しいたけ、水けをきったれんこんを入れていためる。
③しいたけがしんなりしてきたらaを加えて汁けをとばしながらいためる。

れんこんの甘酢漬け

材料／1人分

れんこん……………………… 80g
a ｛酢………………………… 大さじ½
　　砂糖……………………… 小さじ1
　　塩………………………… 少量
赤とうがらしの小口切り…… 少量
1人分67kcal　塩分0.7g

①れんこんは半月切りにし、水につけてアクを除く。
②れんこんは沸騰湯でゆで、湯をきる。
③aを混ぜ合わせ、②をあえ、赤とうがらしを加え、味がなじむまでおく。

れんこんのサラダ

材料／1人分

れんこん……………………… 80g
a ｛マヨネーズ……………… 小さじ1
　　しょうゆ………………… 小さじ⅓
　　塩………………………… 少量
パセリのみじん切り………… 適量
1人分81kcal　塩分0.7g

①れんこんは大ぶりの乱切りにし、水につけてアクを除く。沸騰湯でさっとゆで、湯をきる。
②①のあら熱がとれたら混ぜ合わせたaであえる。
③皿に盛り、パセリを散らす。

副菜

焼きピーマン

材料／1人分
ピーマン……………………2個
しょうゆ……………小さじ½
削りガツオ…………………適量
1人分19kcal　塩分0.4g

①ピーマンは縦半分に切って種とへたを除く。
②焼き網を熱し、ピーマンをこんがりと焼く。
③小鉢にピーマンを盛り、しょうゆをかけ、削りガツオを散らす。

もやしのしょうが酢あえ

材料／1人分
もやし……50g　きゅうり…½本
しょうが………………………¼かけ
酢……………………大さじ½
塩・しょうゆ………各少量
1人分18kcal　塩分0.9g

①もやしは時間があればひげ根をとり除き、沸騰湯でさっとゆで、ざるに広げてさます。
②きゅうりは縦半分に切り、斜め薄切りにし、塩少量（分量外）をふってしばらくおき、汁けを絞る。しょうがはせん切りにする。
③酢、塩、しょうゆを混ぜ合わせ、①②をあえる。

ピーマンのきんぴら

材料／1人分
ピーマン…1個　赤ピーマン½個
油……………………小さじ1
しょうゆ・みりん………各小さじ⅔
いり白ごま…………小さじ⅓
1人分66kcal　塩分0.6g

①ピーマン2種はへたと種を除き、横向きにして5mm幅に切る。
②フライパンに油を熱し、①を入れていため、全体に油がまわったらしょうゆとみりんを加え、味をからめるようにいためる。
③小鉢に②を盛り、ごまをふる。

もやしの
カレー風味サラダ

材料／1人分
もやし…………………………80g
油……………………小さじ1
カレー粉……………小さじ½
塩………………………少量
サニーレタス…………………適量
1人分55kcal　塩分0.5g

①もやしは時間があればひげ根をとり除く。
②フライパンに油を熱し、もやしをさっといため、カレー粉と塩で調味する。
③器にサニーレタスを敷き、②を盛る。

ピーマンとなすの
みそいため

材料／1人分
ピーマン……1個　なす……1本
油……………………小さじ1
a ┌だし…大さじ1　みそ…大さじ½
　│酒・砂糖…………各小さじ1
　└しょうゆ……………小さじ½
1人分97kcal　塩分1.6g

①ピーマンは縦半分に切ってへたと種を除き、乱切りにする。なすは縦半分に切って斜め薄切りにし、水につけてアクを除く。
②フライパンに油を熱し、①をいため、全体に油がまわったら混ぜ合わせたaを加え、汁けをとばしながらいためる。

もやしのからし酢あえ

材料／1人分
もやし…………………………80g
きくらげ………………………適量
a ┌酢……………………小さじ1
　│しょうゆ・ごま油…各小さじ½
　│塩………………………少量
　└ときがらし…………………適量
1人分42kcal　塩分0.7g

①もやしは時間があればひげ根をとり除き、沸騰湯でさっとゆで、ざるに広げてさます。
②きくらげは水でもどし、食べやすい大きさにちぎる。
③aを混ぜ合わせ、①②をあえる。

ごぼうのサラダ

材料／1人分
ごぼう……………………60g
しょうゆ…………………小さじ½
にんじん…………………20g
マヨネーズ………………大さじ½
パセリのみじん切り………適量
1人分89kcal　塩分0.6g

①ごぼうはせん切りにし、水につけてアクを除き、沸騰湯でさっとゆで、湯をきってしょうゆをふる。
②にんじんはせん切りにし、ラップに包んで電子レンジ(600W)で30秒加熱する。
③①②をマヨネーズであえる。
④小鉢に盛り、パセリを散らす。

おかひじきのお浸し

材料／1人分
おかひじき………………50g
a ｛だし……………小さじ2
　　しょうゆ………小さじ⅔
削りガツオ………………適量
1人分15kcal　塩分0.7g

①おかひじきは塩少量(分量外)を加えた沸騰湯でゆで、冷水にとってさまし、水けを絞って3cm長さに切る。
②aを混ぜ合わせ、①を加えてあえ混ぜる。
③小鉢に盛り、削りガツオを散らしのせる。

さつま芋とりんごの甘煮

材料／1人分
さつま芋…70g　りんご…20g
レモンの半月切り………4切れ
a ｛砂糖……大さじ½　塩……少量
1人分122kcal　塩分0.2g

①さつま芋は皮つきのまま乱切りにし、水につけてアクを除く。
②りんごは皮つきのまま厚めのいちょう切りにする。
③なべに水けをきった①を入れ、ひたひたの水とレモンを加えて火にかけ、煮立ったら火を弱め、芋の表面が透明になるまで煮る。
④aと②を加えて、芋がやわらかくなるまで10～15分煮る。

かぶの甘酢漬け

材料／1人分
かぶ………………………1個
赤とうがらし……………¼本
a ｛酢…小さじ2　砂糖…小さじ½
　　塩…少量　水かだし…大さじ1
1人分20kcal　塩分0.4g

①かぶは皮をむき、格子状に深い切り目を入れ、5～6つに切り、塩水(分量外)につけてしんなりさせる。
②aに赤とうがらしの小口切りを加え混ぜ、①の水けをふいて加え、10分以上漬ける。

さつま芋の甘辛いため煮

材料／1人分
さつま芋……80g　油……小さじ1
a ｛しょうゆ・みりん…各小さじ1
1人分161kcal　塩分0.9g

①さつま芋は皮つきのまま4cm長さに切り、縦8等分に切り、水につけてアクを除く。
②フライパンに油を熱し、水けをきった①を入れていため、全体に油がまわったらaとひたひたの水を加えてさつま芋がやわらかくなり、水分がほとんどなくなるまで煮て、味をからめる。

かぶとわかめの酢の物

材料／1人分
かぶ……70g　かぶの葉……少量
わかめ……………もどして20g
a ｛だし……大さじ1　酢…大さじ½
　　塩……少量　砂糖……小さじ⅓
1人分25kcal　塩分0.8g

①かぶは皮をむいて半分に切り、端から薄切りにし、塩少量(分量外)をふってしばらくおき、しんなりさせる。かぶの葉は小口切りにし、塩少量(分量外)をふってしんなりさせる。
②わかめは一口大に切る。
③ボールに汁を絞った①と②を入れ、aを加えてあえる。

副菜

かぶと油揚げの煮物

材料／1人分
かぶ……2個　かぶの葉……20g
油揚げ（油抜きする）………1/4枚
a ｛だし1/2カップ　しょうゆ…小さじ1
　　みりん……大さじ1/2　塩…少量
1人分72kcal　塩分1.3g

①かぶは皮をむき、縦半分に切る。水からゆで、周囲が透明になったらとり出す。葉は塩湯でゆで、冷水にとり、水けを絞り、3cm長さに切る。
②油揚げは短冊切りにする。
③なべにaを煮立て、かぶと②を入れて煮、かぶがやわらかくなったら葉を加え、ひと煮する。

セロリのスープ煮

材料／1人分
セロリ………………………1/2本
ハムの薄切り………………1枚
玉ねぎ………………………20g
a ｛水……………………1/4カップ
　　顆粒ブイヨン・砂糖各小さじ1/4
　　塩・こしょう………各少量
1人分59kcal　塩分1.2g

①セロリは筋を除いてぶつ切りにし、ハムは8等分に切る。玉ねぎは薄切りにする。
②なべに①とaを入れ、ふたをして中火にかけ、煮立ったら弱火にして15分煮る。

春菊のお浸し

材料／1人分
春菊……………………………50g
えのきたけ……………………20g
｛だし……………………大さじ1
　しょうゆ………………小さじ2/3
1人分19kcal　塩分0.7g

①春菊とえのきはそれぞれ塩少量（分量外）を加えた沸騰湯でゆで、冷水にとってさまし、水けを絞って3cm長さに切る。
②だしとしょうゆを合わせ、①を加えてあえる。

いんげんのごまあえ

材料／1人分
さやいんげん…………………70g
a ｛練り白ごま・しょうゆ・だし
　　………………………各小さじ1
　　砂糖……………………小さじ2/3
いり白ごま………………小さじ1/3
1人分64kcal　塩分0.9g

①いんげんは筋を除き、塩少量（分量外）を加えた沸騰湯でゆで、冷水にとってさまし、水けをきり、3cm長さに切る。
②練りごまはよく混ぜて香りを立て、aの残りを加えて混ぜ合わせ、①を加えてあえる。
③小鉢に盛り、ごまをふる。

セロリのきんぴら

材料／1人分
セロリ………………………1/2本
赤とうがらし…………………1/4本
油・しょうゆ・みりん…各小さじ1
1人分64kcal　塩分0.9g

①セロリは筋を除いてせん切りにする。赤とうがらしは種を除いて小口切りにする。
②フライパンに油を熱し、①を入れていため、全体に油がまわったらしょうゆとみりんをまわし入れ、汁がほとんどなくなるまでいためる。

いんげんの煮物

材料／1人分
さやいんげん…………………70g
a ｛だしまたは水…………1/4カップ
　　しょうゆ・砂糖……各小さじ1
　　酒………………………小さじ1/2
いり白ごま………………小さじ1/3
1人分42kcal　塩分0.9g

①いんげんは筋を除いて5cm長さに切る。
②なべにaと①を入れて火にかけ、煮立ったら火を弱め、煮汁がほとんどなくなるまで煮る。
③小鉢に盛り、ごまをふる。

73

ブロッコリーのソテー

材料／1人分
ブロッコリー……………………80g
油………………………………小さじ1
塩・こしょう…………………各少量
1人分64kcal　塩分0.7g

①ブロッコリーは小房に切り分け、塩少量(分量外)を加えた沸騰湯でかためにゆで、湯をきる。
②フライパンに油を熱し、①をいため、全体に油がまわったら塩とこしょうで調味する。

ブロッコリーのカテージチーズあえ

材料／1人分
ブロッコリー……………………80g
a ┌カテージチーズ……………20g
　│マヨネーズ……………大さじ½
　└しょうゆ……………………少量
1人分88kcal　塩分0.6g

①ブロッコリーは小房に切り分け、塩少量(分量外)を加えた沸騰湯でゆで、ざるに広げてさます。
②aを混ぜ合わせ、①を加えてあえ混ぜる。

ブロッコリーとじゃこのきんぴら

材料／1人分
ブロッコリー……………………80g
ちりめんじゃこ大さじ1　油小さじ1
赤とうがらし(種を除く)………¼本
a ｛しょうゆ・みりん……各小さじ1
1人分89kcal　塩分1.2g

①ブロッコリーは小房に切り分け、塩少量(分量外)を加えた沸騰湯でかためにゆで、湯をきる。
②フライパンに油を熱し、じゃこと小口切りにした赤とうがらしをいため、じゃこがカリッとなったら①を加えていため、全体に油がまわったらaを加え、味をからめるようにいためる。

ブロッコリーのごまあえ

材料／1人分
ブロッコリー……………………80g
a ┌練り白ごま・しょうゆ・だし
　│　…………………………各小さじ1
　└砂糖………………………小さじ⅔
いり白ごま……………………小さじ⅓
1人分74kcal　塩分1.0g

①ブロッコリーは小房に切り分け、塩少量(分量外)を加えた沸騰湯でゆで、ざるに広げてさます。
②練りごまはよく混ぜて香りを立て、aの残りを加えて混ぜ合わせ、①を加えてあえる。
③小鉢に盛り、ごまをふる。

ブロッコリーとアスパラガスのボイル

材料／1人分
ブロッコリー50g　にんじん15g
グリーンアスパラガス…………40g
a｛マヨネーズ………………小さじ2
1人分84kcal　塩分0.2g

①ブロッコリーは小房に切り分け、アスパラはかたい部分を折り除き、それぞれ塩ゆでする。
②ブロッコリーはざるにとる。アスパラは水にとってさまし、水けをきり、半分に切る。
③にんじんは皮むき器でリボン状に削り、ラップに包んで電子レンジ(600W)で30秒加熱する。
④皿に②③を盛ってaを添える。

じゃが芋とハムのいため物

材料／1人分
じゃが芋…………………………中1個
ハムの薄切り……………………1枚
油…大さじ½　塩・こしょう各少量
パセリのみじん切り……………適量
1人分171kcal　塩分1.3g

①じゃが芋は太めのせん切りにし、水につけてアクを除く。
②ハムはせん切りにする。
③フライパンに油を熱し、水けをきった①を入れていため、表面が透き通ってきたら②を加えていためる。全体に油がまわったら塩とこしょうで調味する。
④皿に盛り、パセリを散らす。

副菜

アスパラガスの焼き浸し

材料／1人分
グリーンアスパラガス……60g
a ┌ だし……………小さじ2
　└ しょうゆ………小さじ2/3
1人分21kcal　塩分0.6g

①アスパラはかたい部分を折り除き、はかまを除く。
②aは混ぜ合わせる。
③焼き網を熱し、①をこんがりと焼き、熱いうちに②に漬け、味をなじませる。
④食べやすい長さに切り、小鉢に盛る。

アスパラガスのドレッシングあえ

材料／1人分
グリーンアスパラガス… 4〜5本
a ┌ 油……大さじ1/2　酢……小さじ1
　└ 塩…小さじ1/6　こしょう…少量
チャービル………………………適量
1人分77kcal　塩分1.0g

①アスパラはかたい部分を折り除き、はかまを除き、塩少量(分量外)を加えた湯でゆで、水にとってさまし、半分に切る。
②①を器に盛り、混ぜ合わせたaをかけ、チャービルを添える。

アスパラガスのソテー

材料／1人分
グリーンアスパラガス………60g
油………………………小さじ1
塩・こしょう……………各少量
1人分50kcal　塩分0.5g

①アスパラはかたい部分を折り除き、はかまを除き、長めの乱切りにする。
②フライパンに油を熱し、①をいため、全体に油がまわったら塩とこしょうで調味する。

大根のマヨネーズ風味サラダ

材料／1人分
大根……………………………80g
大根の葉………………………少量
a ┌ マヨネーズ…………大さじ1/2
　└ 酢・しょうゆ……各小さじ1/2
1人分60kcal　塩分0.6g

①大根は皮むき器でリボン状に削り、塩少量(分量外)をふってしんなりさせ、汁けを絞る。
②大根の葉は小口切りにし、塩少量(分量外)をふってしんなりさせ、汁けを絞る。
③①②を混ぜ合わせて小鉢に盛り、混ぜ合わせたaをかける。

アスパラガスとトマトのサラダ

材料／1人分
グリーンアスパラガス……… 2本
トマト……………………………1/2個
a ┌ 油・酢……………各大さじ1/2
　└ 塩・こしょう………各少量
1人分85kcal　塩分0.8g

①アスパラはかたい部分を折り除き、はかまを除き、塩少量(分量外)を加えた沸騰湯でゆで、水にとってさまし、3cm長さの斜め切りにする。
②トマトは乱切りにする。
③aを混ぜ合わせ、①②をあえる。

大根の梅風味サラダ

材料／1人分
大根……………………………70g
わかめ……………もどして20g
貝割れ菜………………………10g
梅干し…………………………1/2個
しょうゆ………………小さじ1/2
1人分20kcal　塩分1.6g

①大根はせん切りにし、塩少量(分量外)をふってしんなりさせ、汁けを絞る。わかめは一口大に切る。貝割れ菜は根を切り除く。
②梅干しは種を除いて包丁で細かくたたき、しょうゆを加え混ぜる。
③①②をあえ混ぜて小鉢に盛る。

大根の
レモンじょうゆ漬け

材料／1人分
大根……………………80g
レモン…………………1/8個
赤とうがらし…………1/4本
a ┌ しょうゆ……………小さじ1
　└ 砂糖…………………小さじ1/4
1人分24kcal　塩分0.9g

①大根は拍子木切り、レモンはいちょう切りにする。赤とうがらしは種を除いて小口切りにする。
②aを混ぜ合わせ、①を加えて味がなじむまで30分ほど漬ける。

切り干し大根の煮物

材料／1人分
切り干し大根………………乾10g
にんじん（太めのせん切り）…15g
ちりめんじゃこ……………大さじ1/2
油揚げ………1/4枚　油……小さじ1/2
だし……………………………1/2カップ
a ｛砂糖・しょうゆ……各大さじ1/2
1人分100kcal　塩分1.6g

①切り干し大根はもどし、水けを絞って食べやすい長さに切る。
②油揚げは沸騰湯でさっとゆでて油抜きし、短冊切りにする。
③油で①とじゃことにんじんをいため、②とだしを加え、煮立ったらaを加え、弱火で20分煮る。

大根と葉のいため物

材料／1人分
大根……………………100g
大根の葉………………10g
生しいたけ……………1枚
油………………………小さじ1
a ┌ しょうゆ……………大さじ1/2
　└ 砂糖・酒……………各小さじ1
1人分82kcal　塩分1.3g

①大根は短冊切りにし、葉は3cm長さに切る。しいたけは軸を除いて薄切りにする。
②フライパンに油を熱し、大根と葉をいため、全体に油がまわったらしいたけとaを加えていためる。

トマトのサラダ

材料／1人分
トマト…………………100g
サニーレタス…………1枚
a ┌ マヨネーズ…………大さじ1/2
　└ しょうゆ……………小さじ1/2
1人分65kcal　塩分0.6g

①トマトはくし形切りにする。レタスは冷水に放してパリッとさせ、水けをきって食べやすい大きさにちぎる。
②①を皿に盛り、混ぜ合わせたaをかける。

切り干し大根の
即席漬け

材料／1人分
切り干し大根………………乾10g
　┌ だし……大さじ1　酢……大さじ1/2
a ｜ みりん……………………小さじ1
　└ しょうゆ…小さじ1/2　塩…少量
いり白ごま…………………小さじ1/3
1人分53kcal　塩分0.6g

①切り干し大根は水につけてもみ洗いして汚れを除き、新しい水につけてもどし、水けを絞って食べやすい長さに切る。
②aは混ぜ合わせ、①を加えてあえ、味がなじむまで20～30分おく。
③小鉢に盛り、ごまをふる。

プチトマトとチーズの
サラダ

材料／1人分
プチトマト……………………5個
プロセスチーズ………………15g
きゅうり………………………1/3本
a ┌ 油・酢………………各小さじ1
　└ 塩・こしょう………各少量
1人分108kcal　塩分0.7g

①プチトマトはへたを除いて縦半分に切り、チーズは5mm角の拍子木切りにする。
②きゅうりは乱切りにする。
③aは混ぜ合わせ、①②をあえる。

副菜

きゅうりの
おかか梅肉あえ

材料／1人分
きゅうり	1/2本
梅干し	1/2個
削りガツオ	適量
しょうゆ	少量

1人分12kcal　塩分1.0g

①きゅうりは塩少量(分量外)をふって板ずりし、包丁の柄でたたいてひびを入れ、手で食べやすい大きさに割る。
②梅干しは種を除いて手であらくちぎる。
③①②、削りガツオ、しょうゆを合わせてあえる。

オクラの
おかかマヨネーズあえ

材料／1人分
オクラ	4本
a { マヨネーズ	大さじ1/2
しょうゆ	少量
削りガツオ	適量

1人分53kcal　塩分0.3g

①オクラは塩少量(分量外)をふって板ずりし、沸騰湯でゆで、冷水にとってさまし、1cm幅の小口切りにする。
②aを混ぜ合わせ、①を加えてあえる。
③小鉢に盛り、削りガツオをふる。

きゅうりとじゃこの
しょうが酢あえ

材料／1人分
きゅうり	1/2本
ちりめんじゃこ	大さじ1/2
しょうが	1/4かけ
a { 酢	大さじ1/2
だし	小さじ1
塩	少量

1人分13kcal　塩分0.4g

①きゅうりは輪切りにし、塩少量(分量外)をふってしんなりさせ、汁けを絞る。
②しょうがはせん切りにする。
③aを混ぜ合わせ、①②、じゃこを加えてあえる。

オクラのさっと煮

材料／1人分
オクラ	5本
a { だし	1/4カップ
しょうゆ	小さじ1/4
みりん	小さじ1
塩	少量

1人分27kcal　塩分0.4g

①オクラはがくをくるりとむいて除き、塩少量(分量外)をふって板ずりする。沸騰湯でかためにゆでて冷水にとってさまし、水けをきる。
②なべにaを煮立たせ、①を加えてひと煮する。

オクラ納豆

材料／1人分
オクラ	4本
だし	大さじ1
しょうゆ	小さじ1/2

1人分11kcal　塩分0.5g

　オクラは塩少量(分量外)をふって板ずりし、沸騰湯でゆで、冷水にとってさます。水けをきって小口切りにし、しょうゆとだしを加えてよく混ぜる。

オクラとモロヘイヤの
お浸し

材料／1人分
オクラ	2本
モロヘイヤ	50g
{ だし	小さじ2
しょうゆ	小さじ2/3

1人分26kcal　塩分0.6g

①オクラは塩少量(分量外)をふって板ずりし、沸騰湯でゆでて冷水にとってさまし、水けをきり、1.5cm幅の斜め切りにする。
②モロヘイヤは塩湯でさっとゆで、水にとってさまし、水けを絞って3cm長さに切る。
③だしとしょうゆを合わせ、①②をあえる。

77

レタスのグリーンサラダ

材料／1人分
レタス……2枚　きゅうり……¼本
クレソン……………… 2～3本
a ┃酢・油…………各大さじ½
　┃塩・こしょう………各少量
1人分66kcal　塩分0.5g

①レタスとクレソンはそれぞれ冷水につけてパリッとさせ、水けをきってちぎる。
②きゅうりは皮目にフォークで縦に筋目を入れ、3mm厚さの輪切りにする。
③①②を皿に盛り、混ぜ合わせたaをかける。

カリフラワーのマスタードマヨネーズあえ

材料／1人分
カリフラワー…………………80g
┃マヨネーズ……………小さじ2
┃粒入りマスタード………小さじ½
1人分82kcal　塩分0.3g

①カリフラワーは小房に切り分け、塩・酢各少量(分量外)を加えた沸騰湯でゆで、ざるにあげる。
②マヨネーズと粒入りマスタードを混ぜ合わせ、あら熱がとれた①をあえる。

レタスのしょうゆマヨネーズあえ

材料／1人分
レタス……………………… 2枚
a ┃マヨネーズ…………大さじ½
　┃しょうゆ……………小さじ½
1人分46kcal　塩分0.6g

①レタスは食べやすい大きさにちぎり、塩少量(分量外)をふってしんなりさせ、水でさっと洗い、水けを絞る。
②aを混ぜ合わせ、①をあえる。

えのきときゅうりの梅肉あえ

材料／1人分
えのきたけ……………………20g
きゅうり・みょうが………各½本
┃梅干し…………………………½個
┃しょうゆ………………小さじ¼
1人分15kcal　塩分1.1g

①えのきは石づきを切り除いてほぐし、さっとゆでる。
②きゅうりは薄い輪切りにし、塩少量(分量外)をふってしばらくおき、しんなりしたら水洗いして水けを絞る。みょうがは薄切りにする。
③梅干しは種を除いて手であらくちぎり、しょうゆと混ぜ合わせる。
④①②を③であえる。

レタスとピーマンのいため物

材料／1人分
レタス……2枚　ピーマン……½個
ちりめんじゃこ…………大さじ½
油…………………………小さじ1
a ┃水……大さじ1　酒……小さじ1
　┃砂糖……小さじ½　塩……少量
かたくり粉小さじ½＋水小さじ1
1人分63kcal　塩分0.4g

①レタスは食べやすい大きさにちぎり、ピーマンは5mm幅に切る。
②フライパンに油を熱し、ピーマンをいため、油がまわったらレタス、じゃこ、aを加えていため、水でといたかたくり粉を加え、とろみをつける。

しめじのおろしあえ

材料／1人分
┃しめじ…………………………30g
┃しょうゆ………………小さじ½
おろし大根……………………80g
大根の葉………………………少量
1人分23kcal　塩分0.4g

①しめじは石づきを切り除いて小房に分け、沸騰湯でさっとゆで、しょうゆをふる。
②大根の葉は塩少量(分量外)を加えた沸騰湯でゆで、水にとってさまし、水けを絞り小口切りにする。
③おろし大根と大根の葉を混ぜてしめじをあえ、小鉢に盛る。

副菜

焼きしいたけ

材料／1人分
生しいたけ……………… 3枚
ししとうがらし…………… 4本
a｛酒…小さじ½　しょうゆ…小さじ⅔
レモン……………………… 適量
1人分15kcal　塩分0.6g

①しいたけは石づきを除き、ししとうは切れ目を入れる。
②焼き網を熱し、①を焼く。しいたけは半分に切って酒としょうゆを合わせてふる。
③皿にしいたけとししとうを盛り、くし形切りをさらに半分に切ったレモンを添える。

しらたきのゆかりあえ

材料／1人分
しらたき…………………100g
a｛酒…小さじ1　ゆかり…小さじ½
いり白ごま………………小さじ⅓
1人分18kcal　塩分0.3g

①しらたきは沸騰湯でゆで、食べやすい長さに切る。
②なべに①を入れてからいりし、水けをとばす。
③aを加えて全体をよく混ぜ、味をからめる。
④小鉢に盛り、ごまをふる。

きのことハムのソテー

材料／1人分
しめじ…20g　生しいたけ…2枚
マッシュルーム……………… 3個
ハムの薄切り……………… 1枚
油……………………………大さじ½
塩・こしょう……………… 各少量
パセリのみじん切り……… 適量
1人分104kcal　塩分1.3g

①きのこは石づきを除き、しめじは小房に分け、しいたけは薄切りにする。マッシュルームは縦半分に切る。
②ハムは1cm幅に切る。
③フライパンに油を熱し、①②をいため、塩とこしょうで調味する。
④皿に盛り、パセリを散らす。

きのことごぼうのサラダ

材料／1人分
えのきたけ……………………20g
生しいたけ…2枚　ごぼう…40g
a｛赤とうがらし（種を除いて小口切り）……………… ¼本
　酢…小さじ2　しょうゆ小さじ1
　酒・砂糖・ごま油…各小さじ½
1人分69kcal　塩分0.9g

①えのきはほぐし、しいたけは石づきを除いて縦6等分に切る。
②ごぼうはよく洗って泥を落とし、包丁の柄でたたいて割り、一口大に切り、水につけてアクを除く。
③①②はそれぞれ沸騰湯でゆで、湯をきる。熱いうちに混ぜ合わせたaに加え混ぜ、味をなじませる。

エリンギの網焼き

材料／1人分
エリンギ…………………… 1本
しょうゆ…………………小さじ½
すだちのくし形切り……… 1切れ
1人分10kcal　塩分0.4g

①エリンギは縦に薄切りにする。
②焼き網を熱し、①をのせて焼く。
③皿に盛り、すだちを添え、しょうゆをかける。

こんにゃくのおかか煮

材料／1人分
こんにゃく…………………½枚
赤とうがらし（種を除く）……¼本
a｛しょうゆ・みりん…各大さじ½
削りガツオ………………… 適量
1人分42kcal　塩分1.3g

①こんにゃくは沸騰湯でゆで、スプーンで一口大にちぎる。赤とうがらしは小口切りにする。
②フライパンにこんにゃくを入れ、からいりして水分をとばす。
③赤とうがらしとaを加え、混ぜながら全体に味をからめる。
④仕上がり間際に削りガツオを加え、ひと混ぜする。

刺し身こんにゃく

材料／1人分

刺し身こんにゃく	60g
トマト	1/2個
レタス	20g
a { 酢・油	各大さじ1/2
しょうゆ	小さじ1/2
砂糖 小さじ1/4 塩	小さじ1/6
こしょう	少量

1人分87kcal　塩分1.4g

① 刺し身こんにゃくとトマトは薄切りにする。レタスは食べやすい大きさにちぎり、冷水につけてパリッとさせ、水けをふく。
② ①を皿に盛り、混ぜ合わせたaをかける。

糸こんにゃくのピリ辛いため

材料／1人分

糸こんにゃく	100g
赤とうがらし（種を除く）	1/4本
油	小さじ1
a { しょうゆ・みりん	各大さじ1/2

1人分71kcal　塩分1.3g

① 糸こんにゃくは沸騰湯でゆで、湯をきって食べやすい長さに切る。
② 赤とうがらしは小口切りにする。
③ フライパンに油を熱し、①をいため、全体に油がまわったら赤とうがらしとaを加え、汁けをとばしながらいためる。

わかめときゅうりの酢の物

材料／1人分

わかめ	もどして20g
きゅうり	1/4本
a { 酢	大さじ1/2
砂糖	小さじ1/3
塩	少量

1人分11kcal　塩分0.4g

① わかめは食べやすい大きさに切る。きゅうりは小口切りにし、塩少量（分量外）をふり、しんなりしたら水洗いをし、水けを絞る。
② わかめときゅうりを合わせ、混ぜ合わせたaを加えてあえる。

わかめのおろしあえ

材料／1人分

わかめ	もどして30g
おろし大根	100g
ちりめんじゃこ	大さじ1/2
a { 酢	小さじ1
塩	少量

1人分25kcal　塩分0.8g

わかめは食べやすい大きさに切り、おろし大根、じゃこと合わせ、混ぜ合わせたaを加えてあえる。

わかめの酢みそかけ

材料／1人分

わかめ	もどして20g
レタス　2枚　玉ねぎ	20g
a { 酢・油	各大さじ1/2
砂糖・みそ	各小さじ1

1人分93kcal　塩分1.1g

① わかめは、食べやすい大きさに切る。
② レタスは食べやすい大きさにちぎり、玉ねぎは薄切りにし、それぞれ塩少量（分量外）をふり、しんなりしたら水で洗い、水けを絞る。
③ ①②を合わせて小鉢に盛り、混ぜ合わせたaをかける。

わかめとキャベツのお浸し

材料／1人分

わかめ	もどして20g
キャベツ	80g
a { しょうゆ	小さじ2/3
だし	大さじ1/2

1人分24kcal　塩分0.9g

① わかめは、食べやすい大きさに切る。
② キャベツは塩少量（分量外）を加えた沸騰湯でゆで、ざるにあげて広げてさまし、3cm角に切って汁けを絞る。
③ 混ぜ合わせたaに①②を加えてあえ混ぜる。

切りこんぶとじゃこの煮物

材料／1人分
切りこんぶ…80g　にんじん10g
ちりめんじゃこ……………大さじ1
枝豆(ゆでる)さやから出して10g
a ┃ しょうゆ・砂糖……各小さじ1
　 ┃ 酒……大さじ1/2　だし……1/4カップ
1人分55kcal　塩分1.5g

① 切りこんぶは水洗いして水けをきり、食べやすい長さに切る。にんじんはせん切りにする。
② なべにaとじゃこを入れて煮立て、①を加え、煮立ったら弱火にして味がなじむまで煮、枝豆を加えてひと煮する。

もずくの長芋かけ

材料／1人分
もずく……………………1/2カップ
長芋………………………50g
a ┃ だし……………………大さじ1
　 ┃ 酢………………………大さじ1/2
　 ┃ しょうゆ………………小さじ1
1人分43kcal　塩分1.1g

① もずくは水洗いし、ざるにとって水けをきる。長芋は皮をむいてあらみじん切りにする。
② 小鉢にもずくを盛り、その上に長芋をのせる。混ぜ合わせたaをかける。

のり

材料／1人分
味つけのり…………………5枚
1人分3kcal　塩分0.1g

もずくのおろしあえ

材料／1人分
もずく……………………1/2カップ
おろし大根………………80g
a ┃ だし……………………大さじ1
　 ┃ 酢………………………大さじ1/2
　 ┃ しょうゆ………………小さじ1/2
　 ┃ 塩………………………少量
1人分23kcal　塩分0.7g

① もずくは水洗いし、ざるにとって水けをきる。
② おろし大根と合わせ混ぜて小鉢に盛り、混ぜ合わせたaをかける。

もずく酢

材料／1人分
もずく……………………1/2カップ
a ┃ だし……………………大さじ1
　 ┃ 酢………………………大さじ1/2
　 ┃ しょうゆ………………小さじ1/2強
　 ┃ 砂糖……………………小さじ1/4
しょうが……………………1/4かけ
1人分12kcal　塩分0.7g

① もずくは水洗いし、ざるにとって水けをきる。しょうがはごく細いせん切りにする。
② aを混ぜ合わせ、もずくを加え、軽く混ぜる。
③ 汁ごと小鉢に盛り、しょうがをのせる。

海藻サラダ

材料／1人分
海藻ミックス………もどして50g
サニーレタス………………2枚
a ┃ 酢・油……………各大さじ1/2
　 ┃ しょうゆ………………小さじ1/2
　 ┃ 塩………………………少量
1人分71kcal　塩分1.2g

① サニーレタスは食べやすい大きさにちぎり、水につけてパリッとさせ、水けをきる。
② 皿に海藻ミックスと①を彩りよく盛り、混ぜ合わせたaをかける。

白菜の漬け物

材料／1人分
白菜の塩漬け……………………50g
1人分 9 kcal　塩分1.2g

3cm長さに切り、小皿に盛る。

かぶの漬け物

材料／1人分
かぶのぬかみそ漬け……………50g
1人分14kcal　塩分1.1g

5等分に切り、小皿に盛る。

きゅうりの漬け物

材料／1人分
きゅうりの塩漬け………………40g
1人分 6 kcal　塩分1.0g

1cm厚さの斜め切りにし、小皿に盛る。

なすの漬け物

材料／1人分
なすの塩漬け……………………40g
1人分 9 kcal　塩分0.9g

縦半分に切り、1cm厚さの斜め切りにし、小皿に盛る。

大根の漬け物

材料／1人分
大根のぬかみそ漬け……………40g
大根の葉のぬかみそ漬け……… 5g
1人分13kcal　塩分1.5g

大根は半月切りにし、葉は3cm長さに切り、小皿に盛る。

キャベツの漬け物

材料／1人分
キャベツのぬかみそ漬け………40g
1人分 9 kcal　塩分0.8g

食べやすい大きさの角切りにし、小皿に盛る。

汁物

朝食の汁物は〝具だくさん〟が基本。主菜、副菜とのバランスを考えて、食品がかたよらないようにチョイスしましょう。

豆腐とねぎのみそ汁

材料／1人分
もめん豆腐……………………30g
ねぎ……………………………10g
だし……………………………1㌕
みそ…………………………小さじ2
1人分51kcal　塩分1.8g

①豆腐はさいの目切りにし、ねぎは小口切りにする。
②なべにだしを煮立て、①を加え、再度煮立ったらみそをとき入れる。

小松菜と油揚げのみそ汁

材料／1人分
小松菜…………………………40g
油揚げ…………………………1/4枚
だし……………………………1㌕
みそ…………………………小さじ2
1人分51kcal　塩分1.8g

①小松菜は塩少量(分量外)を加えた沸騰湯でかためにゆで、水にとってさまし、水けを絞って2cm長さに切る。
②油揚げは熱湯をかけて油抜きし、短冊切りにする。
③なべにだしを煮立て、小松菜と油揚げを加え、再度煮立ったらみそをとき入れる。

じゃが芋とわかめのみそ汁

材料／1人分
じゃが芋………………………1/2個
わかめ………………もどして10g
だし……………………………1㌕
みそ…………………………小さじ2
1人分65kcal　塩分1.9g

①じゃが芋は半月切りにし、水にさらす。わかめは一口大に切る。
②なべにだしを煮立て、じゃが芋を加え、やわらかくなったらわかめを加え、みそをとき入れる。

シジミのみそ汁

材料／1人分
シジミ………………殻つきで100g
水………………………………1㌕
みそ…………………………小さじ2
1人分35kcal　塩分1.6g

①シジミは水(分量外)につけてしばらくおき、泥を吐かせ、殻をこすり合わせて洗う。
②なべにシジミと分量の水を入れて煮立て、シジミの口が開いたらみそをとき入れる。

なめこと豆腐のみそ汁

材料／1人分
なめこ・絹ごし豆腐………各30g
だし……………………………1㌕
みそ…………………………小さじ2
三つ葉…………………………適量
1人分53kcal　塩分1.8g

①豆腐はさいの目切りにし、三つ葉は1cm長さに切る。
②なべにだしを煮立て、豆腐となめこを加え、豆腐が温まったらみそをとき入れる。
③汁わんに注ぎ、三つ葉を散らす。

大根のみそ汁

材料／1人分
大根……………………………50g
大根の葉………………………10g
だし……………………………1㌕
みそ…………………………小さじ2
1人分38kcal　塩分1.8g

①大根は太めのせん切りにする。大根の葉は塩少量(分量外)を加えた沸騰湯でさっとゆで、水けを絞り、2cm長さに切る。
②なべに大根とだしを入れて煮立たせ、大根がやわらかくなったらみそをとき入れる。
③汁わんに注ぎ、大根の葉を散らす。

かぼちゃと玉ねぎのみそ汁

材料／1人分
- かぼちゃ……………………50g
- 玉ねぎ………………………30g
- だし…………………………1ｶｯﾌﾟ
- みそ…………………………小さじ2

1人分83kcal　塩分1.8g

①かぼちゃは1cm厚さ4cm長さのくし形切りに、玉ねぎはくし形切りにする。
②なべにかぼちゃ、玉ねぎ、だしを入れて火にかけ、かぼちゃがやわらかくなったら、みそをとき入れる。

はんぺんのすまし汁

材料／1人分
- はんぺん……………………30g
- 三つ葉………………………5g
- だし…………………………1ｶｯﾌﾟ
- 塩……………………………小さじ1/6
- しょうゆ……………………少量

1人分33kcal　塩分1.7g

①はんぺんは1.5cm角に切り、三つ葉は2cm長さに切る。
②なべにだしを煮立て、塩としょうゆで調味し、はんぺんを加えてひと煮する。
③汁わんに注ぎ、三つ葉を散らす。

切り干し大根のみそ汁

材料／1人分
- 切り干し大根………………乾5g
- 小松菜（かためにゆでる）……30g
- 水……………1ｶｯﾌﾟ　煮干し……3g
- みそ…………………………小さじ2

1人分50kcal　塩分1.7g

①小松菜は食べやすい長さに切る。切り干し大根は水でもどし、水けを絞って食べやすい長さに切る。
②煮干しは頭と腹わたをとり除く。
③なべに分量の水と煮干しを入れて煮立て、切り干し大根を加え、ひと煮立ちしたら小松菜を加え、再度煮立ったらみそをとき入れる。

アサリのすまし汁

材料／1人分
- アサリ………………殻つきで100g
- 水……………………………1ｶｯﾌﾟ
- 塩……………………………小さじ1/8
- しょうゆ……………………少量

1人分7kcal　塩分1.4g

①アサリは塩水（塩分3％くらい）につけてしばらくおき、砂を吐かせる。殻をこすり合わせて洗う。
②なべに①と分量の水を入れて煮立て、アサリの口が開いたら塩としょうゆで調味する。

豆腐とわかめのすまし汁

材料／1人分
- もめん豆腐…………………30g
- わかめ………………もどして10g
- ねぎ…………………………10g
- だし…………………………1ｶｯﾌﾟ
- 塩……………………………小さじ1/6
- しょうゆ……………………少量

1人分30kcal　塩分1.4g

①豆腐はさいの目切りにし、わかめは一口大に切り、ねぎは小口切りにする。
②なべにだしを煮立て、塩としょうゆで調味し、①を加えてひと煮する。

ほうれん草のかきたま汁

材料／1人分
- ほうれん草……30g　卵……1/4個
- だし…………………………1ｶｯﾌﾟ
- a｛しょうゆ…小さじ1/4　塩小さじ1/6
- かたくり粉小さじ1＋水小さじ2

1人分40kcal　塩分1.5g

①ほうれん草は塩少量（分量外）を加えた沸騰湯でかためにゆで、水にとってさまし、水けを絞って2cm長さに切る。
②だしを煮立て、aで調味し、①を加え、煮立ったら水でといたかたくり粉を加え、とろみをつける。
③再度煮立ったら割りほぐした卵を細く流し入れる。

野菜スープ

材料／1人分
ブロッコリー(小房に分ける)
　　　　　　　　　　　……40g
キャベツ……40g　玉ねぎ…25g
セロリ…20g　にんじん……10g
a { 水……1ｶｯﾌﾟ　ロリエ……1枚
　　顆粒ブイヨン………小さじ1/2
b { 塩・こしょう………各少量
1人分42kcal　塩分1.5g

　キャベツは太めのせん切り、玉ねぎは薄切り、セロリは筋を除いて斜め薄切り、にんじんはいちょう切りにし、ブロッコリーとともにaを煮立てた中に入れてやわらかく煮、bで味をととのえる。

コーンスープ

材料／1人分
コーン(缶詰め・クリームスタイル)
　　　　　　　　　　　……50g
牛乳……………………3/4ｶｯﾌﾟ
顆粒ブイヨン…………小さじ1/4
塩・こしょう……………各少量
パセリのみじん切り………適量
1人分150kcal　塩分1.6g

①なべに牛乳、顆粒ブイヨン、コーンを入れて混ぜ合わせる。火にかけ、煮立ったら火を弱めて2〜3分煮る。
②塩とこしょうで味をととのえ、スープ皿に盛り、パセリを散らす。

野菜のミルクスープ

材料／1人分
キャベツ……40g　玉ねぎ…25g
セロリ…20g　にんじん……15g
牛乳……………………1/2ｶｯﾌﾟ
a { 水……………………1/2ｶｯﾌﾟ
　　顆粒ブイヨン………小さじ1/2
b { 塩……小さじ1/6　こしょう少量
1人分101kcal　塩分1.8g

①キャベツは色紙切り、玉ねぎはくし形切りにする。にんじんは1cm角に切り、セロリは筋を除いて薄切りにする。
②なべにaを煮立て、①を加えて野菜がやわらかくなるまで煮、牛乳を加えてbで調味する。

簡単ガスパチョ

材料／1人分
トマト……1/2個　セロリ……25g
きゅうり……30g　レモン汁小さじ1
プレーンヨーグルト…………50g
おろしにんにく………………適量
砂糖……………………小さじ1/2
塩……小さじ1/6弱　こしょう…少量
ディル…………………………適量
1人分66kcal　塩分1.0g

①トマトは皮と種を除き、セロリは筋を除き、それぞれ3〜4つに切る。きゅうりはぶつ切りにする。
②ディル以外のすべての材料をミキサーに入れ、なめらかになるまで攪拌する。
③器に注ぎ、ディルを飾る。

野菜のトマトスープ

材料／1人分
キャベツ……50g　セロリ…20g
玉ねぎ…30g　にんじん……20g
a { トマトジュース………2/3ｶｯﾌﾟ
　　水……………………1/4ｶｯﾌﾟ
　　顆粒ブイヨン………小さじ1/4
　　塩・こしょう………各少量
1人分58kcal　塩分1.7g

①キャベツは角切りにし、セロリは筋を除いて斜め薄切りにする。
②にんじんは角切りにし、玉ねぎは一口大に切る。
③なべにaを入れて煮立て、①②を加える。再度煮立ったら火を弱めて5分煮る。

白菜とベーコンのスープ

材料／1人分
白菜……………………………100g
ベーコンの薄切り……………1/4枚
水………………………………1ｶｯﾌﾟ
顆粒ブイヨン………小さじ1/2
塩・こしょう………各少量
1人分38kcal　塩分1.5g

①白菜は太めのせん切りにする。
②ベーコンは1cm幅に切る。
③なべに水と顆粒ブイヨンを入れて火にかけ、煮立ったら①②を加える。
④再度煮立ったら塩とこしょうで味をととのえ、白菜に火が通るまで煮る。

主 食

パン、ごはん、めん類などの穀物はおもにエネルギー源となり、体温を上昇させて体の活動を助けます。穀物は、炭水化物ばかりでなくたんぱく質も多い食品です。

焼きうどん a

材料／1人分
冷凍うどん……………………1玉
キャベツ……40g　玉ねぎ…30g
ピーマン・赤ピーマン……各1/4個
豚もも薄切り肉…20g　油大さじ1/2
a { 中濃ソース……………大さじ1
　　しょうゆ………………小さじ1
1人分407kcal　塩分2.7g

①冷凍うどんは表示の通りにゆで、湯をきる。
②キャベツとピーマン2種は太めのせん切り、玉ねぎは薄切り、豚肉は一口大に切る。
③フライパンに油を熱し、豚肉をいため、玉ねぎ、ピーマン2種、キャベツの順に加え、うどんを加えていため、aで調味する。

小松菜とサクラエビのお焼き b

材料／1人分
a { 卵……1個　小麦粉……1/3カップ
　　塩………………………少量
b { 小松菜（ゆでて2cm長さに切る）80g　サクラエビ大さじ2
　　プロセスチーズ（5mm角に切る）20g　ねぎ（小口切り）1/4本
　　しょうが（せん切り）……1かけ
油……………………………小さじ1
1人分350kcal　塩分1.4g

①ボールに卵を割りほぐし、aの残りを加えて混ぜ、bも加えて混ぜ合わせる。
②フライパンに油を熱し、①を流し入れ、両面を焼き、中まで火を通す。食べやすく切り、皿に盛る。

キャベツと豚肉のお好み焼き c

材料／1人分
a { 卵………1/2個　塩……小さじ1/5
　　小麦粉・だし………各1/4カップ
b { キャベツ（太めのせん切り）………………………50g
　　豚もも薄切り肉（3cm長さに切る）………………50g
　　ねぎ（小口切り）……1/4本
　　しょうが（せん切り）……1/2かけ
油……………………………小さじ1
1人分285kcal　塩分1.4g

①ボールに卵を割りほぐし、aの残りを加えて混ぜ、bも混ぜる。
②フライパンに油を熱し、①を流し入れ、丸く形を整え、両面を焼き、中まで火を通す。

納豆おかかチャーハン d

材料／1人分
ごはん………150g　油……小さじ2
卵（割りほぐす）………………1個
納豆…30g　しょうゆ……小さじ1
ねぎ（小口切り）……………15g
a { 塩・こしょう…………各少量
削りガツオ・小ねぎの小口切り
　……………………………各適量
1人分474kcal　塩分1.9g

①フライパンに油小さじ1/2を熱し、卵を半熟状にいため、とり出す。
②残りの油を加え、納豆を粘りがなくなり、焼き色がつくまでいため、ねぎを加えていためる。
③ごはんを加えてほぐしいため、しょうゆとaで調味し、①と削りガツオを加えてひと混ぜする。
④皿に盛り、小ねぎを散らす。

主 食

a

b

c

d

フランスパン a

フランスパン ………………40g
40g分112kcal　塩分0.6g

食べやすい厚さに切る。

食パン b

食パン（6枚切り）……1枚（60g）
1枚分158kcal　塩分0.8g

ロールパン c

ロールパン……………1個（30g）
1個分95kcal　塩分0.4g

胚芽入り食パン d

胚芽入り食パン（6枚切り）
………………………1枚（60g）
1枚分158kcal　塩分0.7g

クロワッサン a

クロワッサン………… 1個（40g）
1個分179kcal　塩分0.5g

ベーグル b

ベーグル（プレーン）………… 1個
1個分190kcal　塩分0.6g

スコーン c

スコーン………………… 1個
1個分150kcal　塩分0.1g

精白米ごはん d

材料／1人分

精白米ごはん………………150g
1人分252kcal　塩分0g

主食

おかゆ a

材料／1人分
白米ごはん……………………100g
水………………………………1カップ
塩………………………………少量
1人分168kcal　塩分0.7g

①ごはんはざるに入れ、水洗いしてぬめりを除き、水けをきる。
②なべに①と分量の水を入れ、弱火で5分煮、塩で調味する。

胚芽精米ごはん b

材料／1人分
胚芽精米ごはん………………150g
1人分251kcal　塩分0g

胚芽精米は洗わずに炊飯器の内釜に入れ、米の容量の3割増しの水を加えて（たとえば、炊飯器についている180mℓ容量のカップすり切り1杯の胚芽精米に対して水を235mℓ）普通に炊く。1合＝180mℓの胚芽精米で、炊き上がりは約320gになる。

もち c

材料／1人分
もち……………………1切れ（50g）
1人分118kcal　塩分0g

もちは熱した焼き網にのせ、こんがりと焼く。

玄米ごはん d

材料／1人分
玄米ごはん……………………150g
1人分248kcal　塩分0g

玄米は軽く水で洗い、ざるにあけて水けをきり、米の容量の7〜8割増しの水を加える。一晩おいて浸水させる。普通に炊いて15分蒸らす。

フレンチトースト a

材料／1人分
食パン（6枚切り）……………1枚
卵……………………………1/2個
牛乳…………………………1/3カップ
バター・砂糖…………各大さじ1/2
1人分305kcal　塩分1.1g

①卵、牛乳、砂糖はよく混ぜ合わせ、万能濾し器を通して濾す。
②食パンは半分に切り、①につけ、10分おいて卵液をしみ込ませる。
③フライパンにバターを熱し、②を入れて両面をこんがりと焼く。

ごまチーズトースト b

材料／1人分
食パン（6枚切り）……………1枚
とろけるチーズ………………20g
いり白ごま……………小さじ1/3
1人分232kcal　塩分1.3g

　食パンにチーズをのせ、オーブントースターに入れて焼く。チーズがとろけたらごまをふる。

はちみつバタートースト c

材料／1人分
食パン（6枚切り）……………1枚
バター…………………大さじ1/2
はちみつ………………大さじ1
1人分265kcal　塩分0.9g

①食パンはオーブントースターでうっすら焼き色がつくまで焼き、いったんとり出してバターを塗る。
②再度オーブントースターに入れてこんがりと焼き、はちみつをかける。

ハムチーズトースト d

材料／1人分
食パン（6枚切り）……………1枚
ハムの薄切り…………………2枚
とろけるチーズ………………20g
パセリ…………………………適量
1人分305kcal　塩分2.3g

　食パンにハム、チーズをのせ、オーブントースターに入れてチーズがとろけるまで焼き、パセリを添える。

主食

ピザトースト a

材料／1人分
食パン（6枚切り）…………… 1枚
ハムの薄切り………………… 1枚
玉ねぎ………………………… 10g
ピーマン……………………… 1/4個
ピザソース…………………… 大さじ1
とろけるチーズ……………… 20g
1人分289kcal　塩分2.3g

①ハムは8等分に切り、玉ねぎは薄く切る。ピーマンは種を除いて輪切りにする。
②パンにピザソースを塗り、①をのせ、チーズを散らしのせ、オーブントースターでチーズがとろけるまで焼く。

卵サンド b

材料／1人分
食パン（12枚切り）…………… 2枚
バター（室温にもどす）…… 小さじ1
a { 卵 1個　マヨネーズ…小さじ2
　　塩・こしょう………… 各少量
トマト………………………… 1/4個
1人分327kcal　塩分1.5g

①卵はかたゆでにし、殻を除き、あらみじん切りにしてaの残りと混ぜ合わせる。
②トマトは薄切りにし、種を除く。
③食パンにバターを塗り、1枚に①を塗り、②をのせ、残りのパンではさむ。皿などで重石をしてなじませ、食べやすい大きさに切る。

バタートースト c

材料／1人分
食パン（6枚切り）…………… 1枚
バター………………………… 大さじ1/2
1人分203kcal　塩分0.9g

　食パンはオーブントースターでこんがりと焼き、バターを塗る。

ツナサンド d

材料／1人分
食パン（12枚切り）…………… 2枚
バター（室温にもどす）…… 小さじ1
ツナ油漬け缶詰め（油をきる）30g
きゅうり…… 1/4本　玉ねぎ…20g
マヨネーズ…………………… 小さじ2
塩・こしょう………………… 各少量
1人分339kcal　塩分1.8g

①きゅうりは小口切りにし、玉ねぎはみじん切りにし、それぞれ塩少量（分量外）をふり、しんなりしたら水洗いして水けを絞る。
②ツナ、①、マヨネーズ、塩、こしょうを混ぜ合わせる。
③パンにバターを塗り②をはさむ。
④皿などで重石をしてなじませ、食べやすい大きさに切る。

ハムサンド

材料／1人分
食パン（12枚切り）………… 2枚
バター（室温にもどす）…… 小さじ1
ハムの薄切り……………… 2枚
きゅうり…………………… 1/4本
レタス……………………… 1枚
1人分272kcal　塩分1.9g

①きゅうりは薄切りにし、レタスは手でちぎる。
②食パンにバターを塗り、1枚の上にレタス、ハム、きゅうりの順にのせ、残りのパンではさむ。
③皿などで重石をしてなじませ、食べやすい大きさに切る。

サーモンとクリームチーズのベーグルサンド

材料／1人分
ベーグル（あればオニオン入りのもの）…… 1個　バター……小さじ1
スモークサーモンの薄切り… 2枚
クリームチーズ（室温にもどす）
………………………… 大さじ1 1/2
サニーレタス1枚　クレソン適量
1人分358kcal　塩分2.4g

①ベーグルは厚みを半分に切り、切り口にバターを塗る。
②ベーグルの一方の切り口にクリームチーズを塗り、ちぎったサニーレタス、サーモン、クレソンをのせ、残りのベーグルではさむ。

フルーツサンド

材料／1人分
ロールパン………………… 2個
いちご……………………… 2個
キウイフルーツ…………… 1/4個
バナナ……………………… 1/4本
a ┌ プレーンヨーグルト・カテージチーズ………… 各大さじ1
　└ 砂糖……………………… 小さじ1
1人分268kcal　塩分0.9g

①いちごはへたを除いて縦に薄切りにし、キウイはいちょう切りにし、バナナは薄い輪切りにする。
②①とaを混ぜ合わせる。
③ロールパンは上から深い切り目を入れ、②をはさむ。

ジャムとクリームチーズのベーグルサンド

材料／1人分
ベーグル… 1個　バター…小さじ1
ブルーベリージャム……… 大さじ1/2
クリームチーズ（室温にもどす）
………………………… 大さじ1 1/2
チャービル………………… 適量
1人分309kcal　塩分0.8g

①ベーグルは厚みを半分に切り、切り口にバターを塗る。
②クリームチーズはブルーベリージャムと混ぜ合わせる。
③ベーグルの一方の切り口に②を塗り、残りのベーグルではさみ、チャービルを添える。

野菜サンド

材料／1人分
食パン（12枚切り）………… 2枚
バター（室温にもどす）…… 小さじ1
レタス… 2枚　きゅうり…… 1/4本
トマト……………………… 1/4個
1人分205kcal　塩分0.9g

①レタスは手で1枚を2〜3つにちぎり、きゅうりは縦に薄切りにする。トマトは薄く切り、種をとり除く。
②食パンにバターを塗り、1枚の上にレタス、トマト、きゅうりの順にのせ、残りのパンではさむ。
③皿などで重石をしてなじませ、食べやすい大きさに切る。

クロックムッシュー

材料／1人分
食パン（12枚切り）………… 2枚
ハムの薄切り……………… 1枚
とろけるチーズ…………… 20g
クレソン…………………… 適量
1人分266kcal　塩分1.8g

①食パン1枚にハム、チーズをのせ、残りのパンではさみ、オーブントースターで色よく焼く。
②半分に切り、皿に盛ってクレソンを添える。

主食

シリアルのジャムヨーグルトかけ

材料／1人分
コーンフレーク……………40g
プレーンヨーグルト………2/3カップ
ブルーベリージャム……大さじ1
ミント………………………適量
1人分277kcal　塩分1.0g

コーンフレークは深皿に盛り、ヨーグルトとジャムを混ぜ合わせてかけ、ミントを飾る。

クラッカーのチーズのせ

材料／1人分
クラッカー…………………4枚
プロセスチーズの薄切り
　…………………………2枚(20g)
きゅうり……………………1/4本
プチトマト…………………1個
1人分127kcal　塩分0.8g

プロセスチーズは半分ずつに切り、きゅうりは斜め薄切り、プチトマトは8等分のくし形切りにし、クラッカーにそれぞれ1/4量ずつのせる。

シリアルの牛乳かけ

材料／1人分
コーンフレーク……………40g
砂糖………………………大さじ1/2
牛乳…………………………1カップ
1人分310kcal　塩分1.1g

コーンフレークは深皿に盛り、砂糖と牛乳をかける。

オートミール

材料／1人分
オートミール………………30g
水……………………………1カップ
砂糖………………………大さじ1/2
牛乳…………………………1/2カップ
1人分202kcal　塩分0.1g

①なべに分量の水を入れて火にかけ、煮立ったらオートミールを加えて2～3分煮る。
②火を消して2～3分蒸らす。深皿に盛り、砂糖と牛乳をかける。

フルーツ入りシリアルの牛乳かけ

材料／1人分
コーンフレーク……………40g
バナナ………………………1/3本
プルーン(種抜き)…………3個
砂糖………………………小さじ1
牛乳…………………………1カップ
1人分390kcal　塩分1.1g

コーンフレークは深皿に盛り、輪切りにしたバナナと半分に切ったプルーンをのせ、砂糖と牛乳をかける。

パンケーキ

材料／1人分
a ｛ホットケーキミックス…80g
　　卵……20g　牛乳………1/3カップ
バター……………………大さじ1/2
b ｛カテージチーズ………大さじ2
　　ブルーベリージャム…大さじ1/2
　　チャービル………………適量
1人分461kcal　塩分1.3g

①aを合わせ、泡立て器で混ぜる。
②フライパンに半量のバターをとかし、①の半量を流し入れ、弱火でふたをして焼く。表面に穴があいたら裏返し、中まで火を通す。同様にしてもう1枚焼く。
③皿に盛り、bを添える。

きのこ雑炊

材料／1人分
ごはん……………………100g
生しいたけ1枚　えのきたけ15g
ねぎ……………………10g
だし………1ｶｯﾌﾟ　みそ……大さじ1
1人分213kcal　塩分2.5g

①ごはんは洗ってぬめりを除き、水けをきる。
②しいたけは石づきを除いて8つ割りにし、えのきは石づきを切り除き、1cm長さに切ってほぐす。ねぎは5mm幅に切る。
③なべにだしを入れて煮立て、ごはんと②を加え、火を弱めて5〜10分煮、みそを加えとかす。

牛乳がゆ

材料／1人分
ごはん……………………100g
水………1/4ｶｯﾌﾟ　牛乳………3/4ｶｯﾌﾟ
ねぎ……………………10g
a (搾菜(薄切り)10g　香菜適量
1人分279kcal　塩分1.5g

①ごはんは洗ってぬめりを除き、水けをきる。
②ねぎは中心まで切り目を入れて芯をとり除き、せん切りにする。水に浸し、水けをきる。
③なべに水と牛乳を入れて煮立て、①を加えてひと混ぜし、弱火で好みのやわらかさになるまで煮る。
④鉢に盛り、②とaを添える。

卵雑炊

材料／1人分
ごはん………100g　卵………1/2個
笹かまぼこ…1/2枚　三つ葉…適量
だし……………………1ｶｯﾌﾟ
しょうゆ……小さじ1/4　塩……小さじ1/6
1人分226kcal　塩分0.9g

①ごはんは洗ってぬめりを除き、水けをきる。笹かまぼこは1cm幅に切る。三つ葉は2cm長さに切る。
②なべにだしを煮立ててしょうゆと塩を加え、笹かまとごはんを加え、煮立ったら卵を割りほぐしてまわし入れる。
③ひと混ぜして火を消し、三つ葉を加える。

雑煮

材料／1人分
もち1切れ　かまぼこ薄切り10g
a { 鶏胸肉(皮なし)……………20g
　　酒……小さじ1/2　塩……少量
小松菜(かためにゆでて3cm長さに切る)…20g　だし……1ｶｯﾌﾟ
b { 塩……小さじ1/6　しょうゆ小さじ1/4
1人分159kcal　塩分1.8g

①もちは熱した焼き網で焼き、わんに入れる。
②鶏肉は一口大に切ってaをふる。
③なべにだしを煮立て、②を加え、アクを除いてbで調味する。
④小松菜を加えてひと煮し、①に注ぎ、かまぼこを添える。

スープ雑炊

材料／1人分
ごはん…100g　キャベツ……30g
玉ねぎ…20g　ハムの薄切り1枚
a { 水……………………1ｶｯﾌﾟ
　　顆粒ブイヨン………小さじ1/4
　　塩……小さじ1/6　こしょう…少量
パセリのみじん切り………適量
1人分224kcal　塩分1.8g

①ごはんは洗ってぬめりを除き、水けをきる。
②キャベツと玉ねぎは一口大に切り、ハムは短冊切りにする。
③なべにaを入れて煮立て、②を加え、再度煮立ったらごはんを加えてひと煮し、パセリを散らす。

サケ茶づけ

材料／1人分
ごはん……………………100g
塩ザケ……………………30g
だし……………………1ｶｯﾌﾟ
塩……小さじ1/6　しょうゆ…少量
三つ葉・刻みのり………各適量
1人分234kcal　塩分1.9g

①サケは熱した焼き網で焼き、皮と骨をとり除き、身をほぐす。
②三つ葉は茎は1cm長さに切り、葉はせん切りにする。
③だしは温め、塩としょうゆで調味する。
④茶わんにごはんを盛り、①②をのせる。③をかけ、のりを散らす。

納豆おろしうどん

材料／1人分
冷凍うどん…………………1玉
a ┤ひき割り納豆……………40g
　└しょうゆ………………小さじ1
おろし大根…………………70g
青じそ…………………………1枚
しょうゆ………………………小さじ1
1人分362kcal　塩分2.5g

①冷凍うどんは表示の通りにゆで、水にとってさまし、水けをきって皿に盛る。
②納豆はしょうゆを加えて混ぜる。
③うどんにしそ、おろし大根、②をのせ、好みでしょうゆをかける。

牛乳とろろそば

材料／1人分
そば……………………………乾80g
　┌大和芋…………………50g
　│牛乳……………………1/2カップ
　│しょうゆ………………小さじ2/3
　└塩………………………小さじ1/6
小ねぎの小口切り…………適量
1人分392kcal　塩分1.7g

①大和芋は皮をむき、すりおろす。
②牛乳はしょうゆと塩で調味し、①に少しずつ加えては混ぜ合わせ、小鉢に注ぐ。
③そばは表示の通りにゆで、冷水にとり、水けをきって皿に盛る。ねぎを散らし、②を添える。

梅おろしうどん

材料／1人分
冷凍うどん…1玉　梅干し…1個
おろし大根…70g　青じそ…1枚
a ┤だし……………………1/2カップ
　└しょうゆ・みりん…各小さじ2
1人分318kcal　塩分4.4g

①小なべにaを入れて煮立て、火を消し、さます。
②梅干しは種を除いて実をちぎり、おろし大根と混ぜ合わせる。
③しそはせん切りにし、水につけてアクを除き、水けをきる。
④冷凍うどんは表示通りにゆで、水にとって水けをきり、皿に盛る。②③をのせ、①をかける。

そうめん

材料／1人分
そうめん……………………乾80g
油揚げ………………………1/2枚
きゅうり……1/2本　青じそ…1枚
a ┤だし……………………1/2カップ
　└しょうゆ・みりん…各小さじ2
1人分390kcal　塩分2.3g

①aはひと煮立ちさせ、さます。
②油揚げは熱した焼き網でこんがりと焼いて短冊切り、きゅうりと青じそはせん切りにし、青じそは水につけ、水けを絞る。
③そうめんは表示の通りにゆで、冷水で洗い、水けをきって皿に盛る。②を盛り合わせ、①を添える。

ハムとピーマンのいためごはん

材料／1人分
ごはん…150g　ハムの薄切り1枚
玉ねぎ……20g　ピーマン…1/2個
トマトケチャップ……………大さじ1
塩・こしょう…各少量　油大さじ1/2
1人分375kcal　塩分1.7g

①ハム、玉ねぎ、ピーマンはすべて角切りにする。
②フライパンに油を熱し、玉ねぎをいため、透き通ってきたらハムとピーマンを加えていためる。
③ごはんを加えて油が全体にまわるようにほぐしいため、ケチャップを加え混ぜ、塩とこしょうで味をととのえる。

じゃことわかめの混ぜごはん

材料／1人分
温かいごはん………………150g
わかめ………………もどして20g
ちりめんじゃこ………………大さじ1
いり白ごま……………………小さじ1/2
1人分269kcal　塩分0.5g

わかめは一口大に切り、温かいごはんにちりめんじゃこ、白ごまといっしょに加えてさっくりと混ぜる。

豆腐ごはん

材料／1人分
温かいごはん……………150g
もめん豆腐……50g　塩……少量
青じそ……1枚　梅干し……½個
1人分290kcal　塩分1.8g

①豆腐はペーパータオルに包み、電子レンジ(600W)で約1分加熱し、水きりする。
②青じそはせん切りにし、水につけ、水けを絞る。梅干しは種を除いて手で大きめにちぎる。
③温かいごはんにあらくほぐした①と塩を加えてさっくりと混ぜ、茶わんに盛る。
④③に梅干しと青じそをのせる。

サケおにぎり

材料／1人分
炊きたてのごはん……………150g
塩ザケ……………………30g
塩………………………少量
いり白ごま……………小さじ1
1人分330kcal　塩分1.4g

①塩ザケは熱した焼き網で両面を色よく焼き、中まで火を通す。骨と皮をとり除き、ほぐす。
②炊きたてのごはんに①、塩、白ごまを加えてさっくりと混ぜ、少量の水をつけた手で丸型に握る。

菜めし

材料／1人分
温かいごはん……………150g
大根………………………50g
大根の葉…………………10g
塩……………………小さじ⅙
1人分264kcal　塩分0.5g

①大根はせん切りにし、大根の葉は小口切りにし、塩をふって軽くもみ、しんなりしたら汁けを絞る。
②温かいごはんに①を加えてさっくりと混ぜる。

こんぶおにぎり

材料／1人分
炊きたてのごはん……………150g
こんぶの佃煮……………10g
塩………………………少量
焼きのり…………………適量
1人分261kcal　塩分1.6g

手のひらに少量の水と塩をつけ、炊きたてのごはんをのせ、ごはんの中央にこんぶの佃煮をのせ、三角形に握り、のりを巻く。

梅おにぎり

材料／1人分
炊きたてのごはん……………150g
梅干し……………………½個
塩………………………少量
焼きのり…………………適量
1人分254kcal　塩分1.8g

手のひらに少量の水と塩をつけ、炊きたてのごはんをのせ、ごはんの中央に種を除いた梅干しをのせ、三角形に握り、のりを巻く。

焼きおにぎり

材料／1人分
炊きたてのごはん……………150g
a ┌ しょうゆ……………小さじ1
　└ みりん………………小さじ½
油………………………小さじ¼
1人分273kcal　塩分0.9g

①手のひらに少量の水をつけ、炊きたてのごはんをのせ、丸形に握る。aは混ぜ合わせる。
②フライパンに油を熱しておにぎりを入れ、aを塗っては裏返して焼くのをくり返し、両面をこんがりと焼く。

飲み物・デザート

乳・乳製品にはおもにカルシウムやたんぱく質、くだものにはビタミン類、食物繊維が期待できます。

カフェオレ

材料／1人分
コーヒー・・・・・・・・・・・・・・・・・1/2カップ
牛乳・・・・・・・・・・・・・・・・・・・・・1/2カップ
1人分74kcal　塩分0.1g

　コーヒーと温めた牛乳を合わせ、カップに注ぐ。

バナナミルクドリンク

材料／1人分
バナナ・・・・・・・・・・・・・・・・・・・・1/2本
牛乳・・・・・・・・・・・・・・・・・・・・・3/4カップ
砂糖・・・・・・・・・・・・・・・・・・・・・小さじ1
1人分160kcal　塩分0.2g

　バナナは皮をむいて2～3つに折る。バナナと牛乳、砂糖をミキサーに入れ、なめらかになるまで攪拌し、グラスに注ぐ。

ミルクティー

材料／1人分
紅茶・・・・・・・・・・・・・・・・・・・・・2/3カップ
牛乳・・・・・・・・・・・・・・・・・・・・・1/4カップ
1人分37kcal　塩分0.1g

　紅茶と温めた牛乳を合わせ、カップに注ぐ。

野菜ジュース

材料／1人分
キャベツ・・・・・・・・・・・・・・・・・・30g
ほうれん草・・・・・・・・・・・・・・・・7g
りんご・・・・・・・・・・・・・・・・・・・・1/4個
はちみつ・・・・・・・・・・・・・・・・・・小さじ1
塩・・・・・・・・・・・・・・・・・・・・・・・少量
水・・・・・・・・・・・・・・・・・・・・・・・1/2カップ
1人分56kcal　塩分0.3g

①りんごは芯を除いてざく切りにする。キャベツとほうれん草はざく切りにする。
②すべての材料をミキサーに入れ、なめらかになるまで攪拌し、グラスに注ぐ。

ココア

材料／1人分
ココア・砂糖・・・・・・・・・・・・各小さじ2
牛乳・・・・・・・・・・・・・・・・・・・・・3/4カップ
1人分139kcal　塩分0.2g

　なべにココアと砂糖を入れて混ぜ合わせ、熱湯を少量（分量外）加えて練り混ぜる。さらに温めた牛乳を少しずつ加えては混ぜ、なめらかに混ざったらカップに注ぐ。

トマトミルクドリンク

材料／1人分
トマト・・・・・・・・・・・・・・・・・・・・1個
りんご・・・・・・・・・・・・・・・・・・・・1/4個
牛乳・・・・・・・・・・・・・・・・・・・・・1/2カップ
1人分135kcal　塩分0.1g

①トマトは皮と種をとり除き、ざく切りにする。りんごは芯を除いてざく切りにする。
②すべての材料をミキサーに入れ、なめらかになるまで攪拌する。

飲み物・デザート

牛乳

材料／1人分
牛乳……………………1カップ
1人分141kcal　塩分0.2g

ブルーベリーヨーグルト

材料／1人分
プレーンヨーグルト…………2/3カップ
ブルーベリージャム………大さじ1/2
ミント………………………適量
1人分106kcal　塩分0.1g

ヨーグルトにブルーベリージャムを加えて混ぜ合わせ、器に盛り、ミントを添える。

レモンキャロットジュース

材料／1人分
にんじん……………………30g
オレンジ……………………1/2個
レモン汁……………………大さじ3/4
はちみつ……………………大さじ1/2
水……………………………1/2カップ
1人分79kcal　塩分微量

①にんじんは皮をむいてざく切りにする。オレンジは皮をむく。
②すべての材料をミキサーに入れてなめらかになるまで撹拌し、グラスに注ぐ。

フルーツヨーグルトサラダ

材料／1人分
いちご・プルーン（種抜き）各3個
キウイフルーツ………………1/4個
バナナ…………………………1/4本
プレーンヨーグルト…………1/3カップ
チャービル……………………適量
1人分137kcal　塩分0.1g

①いちごはへたをとり除き、縦半分に切る。プルーンは半分に切る。
②キウイはいちょう切り、バナナは輪切りにする。
③①②を合わせ、ヨーグルトを加えてあえる。
④器に盛り、チャービルを添える。

バナナ入りきな粉ドリンク

材料／1人分
バナナ…………………………1本
プルーン（種抜き）……………3個
牛乳……………………………3/4カップ
きな粉…………………………大さじ1
1人分274kcal　塩分0.2g

バナナとプルーンはざく切りにする。すべての材料をミキサーに入れ、なめらかになるまで撹拌し、グラスに注ぐ。

キウイフルーツ

材料／1人分
キウイフルーツ………………1個
1人分45kcal　塩分0g

キウイは輪切りにし、皿に盛る。

キウイのヨーグルトかけ

材料／1人分
キウイフルーツ……………1/2個
プレーンヨーグルト…………1/3カップ
1人分66kcal　塩分0.1g

　キウイは半月切りにし、皿に盛り、ヨーグルトをかける。

グレープフルーツ

材料／1人分
グレープフルーツ……………1/2個
1人分48kcal　塩分0g

いちご

材料／1人分
いちご…………………… 7個
1人分36kcal　塩分0g

バナナ

材料／1人分
バナナ…………………… 1本
1人分86kcal　塩分0g

　バナナは半分に切って皿に盛る。

いちごのヨーグルトかけ

材料／1人分
いちご…………………… 5個
プレーンヨーグルト…………1/3カップ
1人分69kcal　塩分0.1g

　いちごはへたをとり除き、縦半分に切る。皿に盛り、ヨーグルトをかける。

みかん

材料／1人分
みかん…………………… 1個
1人分34kcal　塩分0g

ブランチ

ゆっくり起きた休みの日は、ブランチを楽しんでみては？ 7つのテイストのブランチを紹介します。

パンキッシュブランチ

食パンを利用した簡単キッシュです。
まずマリネを作って味をなじませている間に
キッシュ、スープの順に作っていくと段どりよくいきます。

パンキッシュ
オランダパプリカのマリネ
トマトとマッシュルームのスープ

1食分532kcal　塩分5.1g

パンキッシュ

材料／1人分
山形食パン……………1枚（60g）
a ｛卵………1個　牛乳……1/3ｶﾂﾌﾟ
　　塩…小さじ1/6　ナツメグ…少量｝
玉ねぎ…………………………1/2個
塩・こしょう………………各少量
油……………………………小さじ1
ブロッコリー……………………50g
ハムの薄切り…………………1/2枚
とろけるチーズ………………20g

1人分459kcal　塩分3.2g

①パンは4cm角に切る。
②卵は割りほぐしてaの残りの材料を加えて混ぜる。
③玉ねぎは薄切りにする。フライパンに油を熱し、玉ねぎをいため、しんなりしてきたら塩とこしょうを加え、きつね色になるまでいため、あら熱をとる。
④ブロッコリーは小房に分け、塩少量（分量外）を加えた湯でゆで、湯をきる。ハムは6等分に切る。
⑤耐熱容器に③を敷き入れ、パンと④を彩りよく盛り、②をかけ、チーズを散らす。
⑥200～220℃に熱したオーブンに入れ、チーズがとろけるまで15～20分焼く。

オランダパプリカのマリネ

材料／1人分
オランダパプリカ
　…………緑・赤・黄各1/4個
a ｛にんにく………………1/4かけ
　　オリーブ油・白ワイン
　　　………………各小さじ1
　　塩・こしょう………各少量｝

1人分57kcal　塩分0.5g

①にんにくはみじん切りにし、aの残りの材料と混ぜ合わせる。
②オランダパプリカ3種はへたと種を除き、熱した焼き網でこんがりと焼き、2cm幅に切る。
③熱いうちに①に漬け、味がなじむまでおく。

トマトとマッシュルームのスープ

材料／1人分
プチトマト・マッシュルーム
　……………………各3個
セロリ……10g　セロリの葉適量
a ｛水……………………1ｶﾂﾌﾟ
　　顆粒ブイヨン………小さじ1/3
　　塩……小さじ1/6　こしょう少量｝

1人分16kcal　塩分1.4g

①プチトマトはへたをとり除いて縦半分に切る。マッシュルームは石づきを切り除き、縦半分に切る。
②セロリは筋を除いて薄切りにする。葉は手であらくちぎる。
③なべにaを入れて煮立て、マッシュルームとセロリを加え、火が通ったらプチトマトとセロリの葉を加えてさっと煮る。

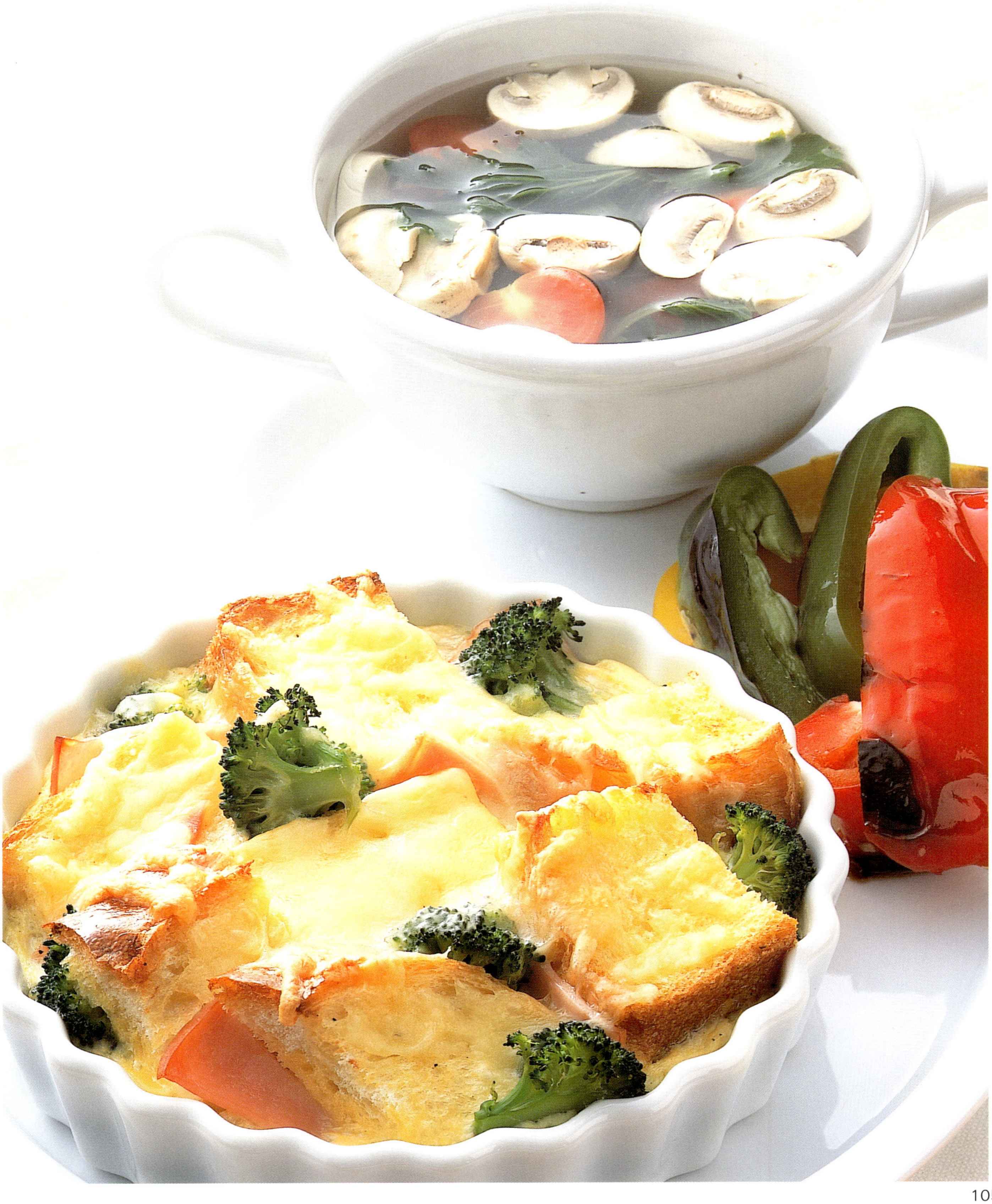

パスタブランチ

野菜と豆がたっぷりのスープパスタです。
パスタは下ゆでしないでスープに加えます。

豆と野菜の煮込みパスタ
トマトとルコラのサラダ
グレープフルーツ
はちみつレモンヨーグルト

1食分471kcal　塩分2.6g

豆と野菜の煮込みパスタ

材料／1人分
キドニービーンズ水煮缶詰め　30g
ブロッコリー・かぼちゃ…各50g
玉ねぎ……………………………30g
パスタ（好みのもの）…………30g
a ｛水……………………1½カップ
　　顆粒ブイヨン…………小さじ½
　　ロリエ……………………½枚
b ｛塩………小さじ⅙　砂糖小さじ⅓
　　こしょう…………………少量

1人分237kcal　塩分1.7g

①キドニービーンズの水煮は水けをきる。ブロッコリーは小房に分け、塩少量（分量外）を加えた湯でかためにゆで、湯をきる。
②かぼちゃは1cm厚さのいちょう切りにし、玉ねぎはくし形に切り、さらに横半分に切る。
③なべにaと②を入れて火にかけ、煮立ったらキドニービーンズを加え、弱火にして野菜がやわらかくなるまで煮る。
④bとパスタを加え、表示のゆで時間どおりに煮、仕上がり際にブロッコリーを加えてひと煮する。

トマトとルコラのサラダ

材料／1人分
トマト………………………小1個
ルコラ……………………………10g
クレイジーソルト（商品名）＊
　……………………………………少量
オリーブ油……………………小さじ1

1人分67kcal　塩分0.8g

①トマトはくし形切りにする。ルコラは手でちぎって水につけ、アクを除く。
②①を皿に彩りよく盛り、クレイジーソルトとオリーブ油をかける。

※クレイジーソルト
　塩に数種類のスパイスを混ぜた調味料。ない場合は塩にこしょう、オニオンパウダー、ガーリックパウダー、タイム、オレガノ、マジョラム、セロリなど好みのスパイスを少量ずつ混ぜて代用するとよい。

グレープフルーツ

材料／1人分
グレープフルーツ……………½個

1人分48kcal　塩分0g

　グレープフルーツは食べやすい大きさに切り、皿に盛る。

はちみつレモンヨーグルト

材料／1人分
プレーンヨーグルト…………⅔カップ
はちみつ……………………大さじ½
レモンの半月切り……………2枚
ミント……………………………適量

1人分119kcal　塩分0.1g

　ヨーグルトとはちみつを混ぜ合わせ、器に盛り、レモンとミントを添える。

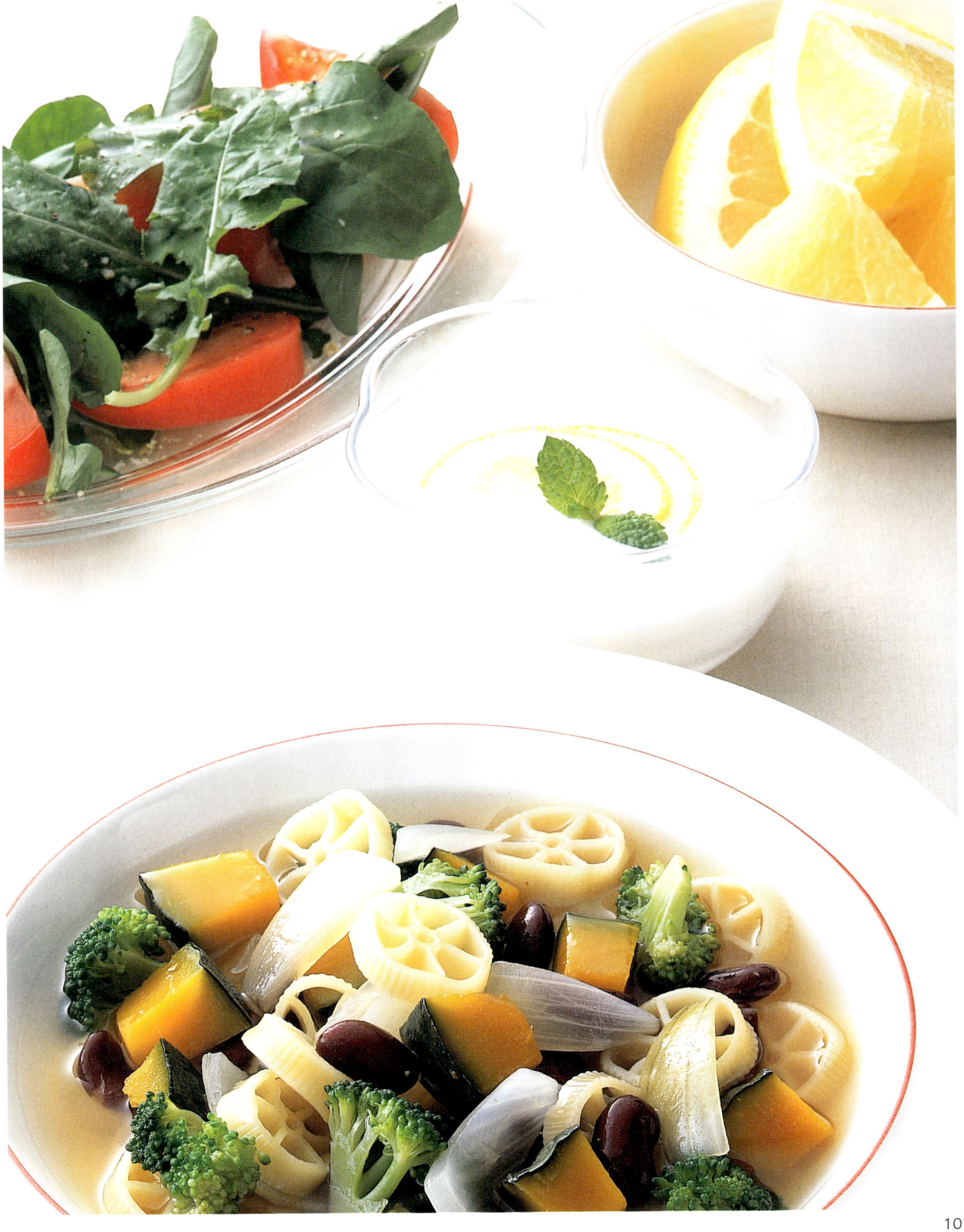

中国風おかゆブランチ

おなかにやさしいおかゆと、
野菜をたっぷり使ったおかずの組み合わせ。
疲れぎみの体にうれしいメニューです。

中国風おかゆ
小松菜と青梗菜の香味ソースかけ
焼き豚とキャベツのあえ物
キウイヨーグルト

1食分437kcal　塩分3.4g

中国風おかゆ

材料／1人分
- ごはん……………100g
- ごま油……………小さじ½
- 水……………1½カップ
- 中国風顆粒だし……………小さじ½
- 塩……………少量
- うずら卵……………1個
- 油……………小さじ½
- 香菜（シャンツァイ）……………適量

1人分225kcal　塩分1.5g

①ごはんは水洗いしてぬめりを除き、水けをきってごま油をまぶす。
②なべに水と中国風顆粒だしを入れて煮立て、①を加え、再度煮立ったら木べらでなべ底から混ぜながら弱火で10分煮、塩で味をととのえる。
③フライパンに油を熱し、うずらの卵を割り入れ、好みのかたさに焼く。
④②を鉢に盛り、③の卵と香菜をのせる。

小松菜と青梗菜の香味ソースかけ

材料／1人分
- 小松菜・青梗菜……………各50g
- にんにく・しょうが……………各¼かけ
- ねぎ……………⅕本
- 赤とうがらし……………適量
- ごま油……………小さじ½
- 酒・しょうゆ……………各小さじ1

1人分47kcal　塩分0.9g

①小松菜と青梗菜はそれぞれ塩少量（分量外）を加えた沸騰湯でゆで、冷水にとってさまし、水けを絞る。3cm長さに切って小鉢に盛る。
②にんにく、しょうが、ねぎはみじん切りにする。赤とうがらしは種を除いて小口切りにする。
③フライパンにごま油と②を入れて熱し、香りが立ったら酒としょうゆを加え、あつあつを①にまわしかける。

焼き豚とキャベツのあえ物

材料／1人分
- 焼き豚の薄切り……………1枚
- キャベツ……………100g
- きゅうり……………¼本
- a ｜ごま油・しょうゆ…各小さじ½
- 　｜酢……………小さじ1
- 　｜塩……………少量
- いり白ごま……………少量

1人分77kcal　塩分0.9g

①焼き豚は1cm幅に切る。
②キャベツは5mm幅のせん切りに、きゅうりはせん切りにし、それぞれ塩少量（分量外）をふり、しんなりしたら水洗いし、水けを絞る。
③①②をaであえ、皿に盛り、ごまをふる。

キウイヨーグルト

材料／1人分
- キウイフルーツ……………½個
- プレーンヨーグルト……………½カップ

1人分88kcal　塩分0.1g

キウイはいちょう切りにし、皿に盛ってヨーグルトをかける。

109

エスニックサンドのブランチ

ニョクマム風味のバゲットサンドはくせになる味わい。
スパイスを効かせたチャイを添えて
エスニックにまとめます。

ベトナム風バゲットサンド
れんこんとにんじんの甘酢漬け
フルーツサラダ
チャイ

1食分512kcal　塩分3.4g

ベトナム風バゲットサンド

材料／1人分

バゲット…………小1本(50g)
a ┌ 牛もも薄切り肉…………50g
　├ 砂糖・ニョクマム　各小さじ½
　└ 豆板醤(とうばんじゃん)…………適量
油………………………小さじ1
┌ 紫玉ねぎ………………30g
├ 大根……………………20g
├ ニョクマム……………小さじ1
└ レモン汁………………小さじ½
レタス…1枚　プチトマト…1個
香菜(しゃんつぁい)………………適量

1人分313kcal　塩分2.5g

①牛肉は食べやすい大きさに切り、aをからめてしばらくおく。フライパンに油を熱し、牛肉を入れてこんがりとなるまでいため、中まで火を通す。
②紫玉ねぎは薄切りにし、大根はせん切りにし、それぞれ塩少量(分量外)をふり、しんなりしたら水洗いして水けを絞る。ニョクマムとレモン汁であえる。
③レタスはちぎって水につけてパリッとさせ、水けをきる。プチトマトは輪切りにする。
④バゲットの厚みの半分に切り目を入れ、レタス、①②、トマト、香菜の順にはさむ。

れんこんとにんじんの甘酢漬け

材料／1人分

れんこん・にんじん………各50g
a ┌ 酢・ニョクマム……各大さじ1
　├ 砂糖………………小さじ2
　└ 水…………………小さじ1

1人分58kcal　塩分0.8g

①aはよく混ぜ合わせる。
②れんこんは5mm厚さの半月切りにし、水につけてアクを除く。沸騰湯でさっとゆでて熱いうちに①に漬ける。
③にんじんは乱切りにする。ラップで包み、電子レンジ(600W)で1分加熱し、熱いうちに①に加えて混ぜ、味をなじませる。

フルーツサラダ

材料／1人分

キウイフルーツ………………½個
グレープフルーツ……………⅓個
砂糖……………………小さじ1
くこの実………………………少量

1人分66kcal　塩分0g

①キウイは一口大に切る。グレープフルーツは皮と薄皮をむく。
②①に砂糖をまぶし、冷蔵庫に入れて味がなじむまでおく。
③くこの実はひたひたのぬるま湯につけてもどす。
④②を器に盛り、水けをきったくこの実を飾る。

チャイ

材料／1人分

紅茶の葉………………小さじ1
カルダモン……………………1粒
シナモンスティック…………½本
水・牛乳………………各½カップ

1人分75kcal　塩分0.1g

なべにすべての材料を入れて火にかけ、紅茶の葉が開いたら火を消し、1〜2分おく。茶濾(こ)しを通してカップに注ぐ。

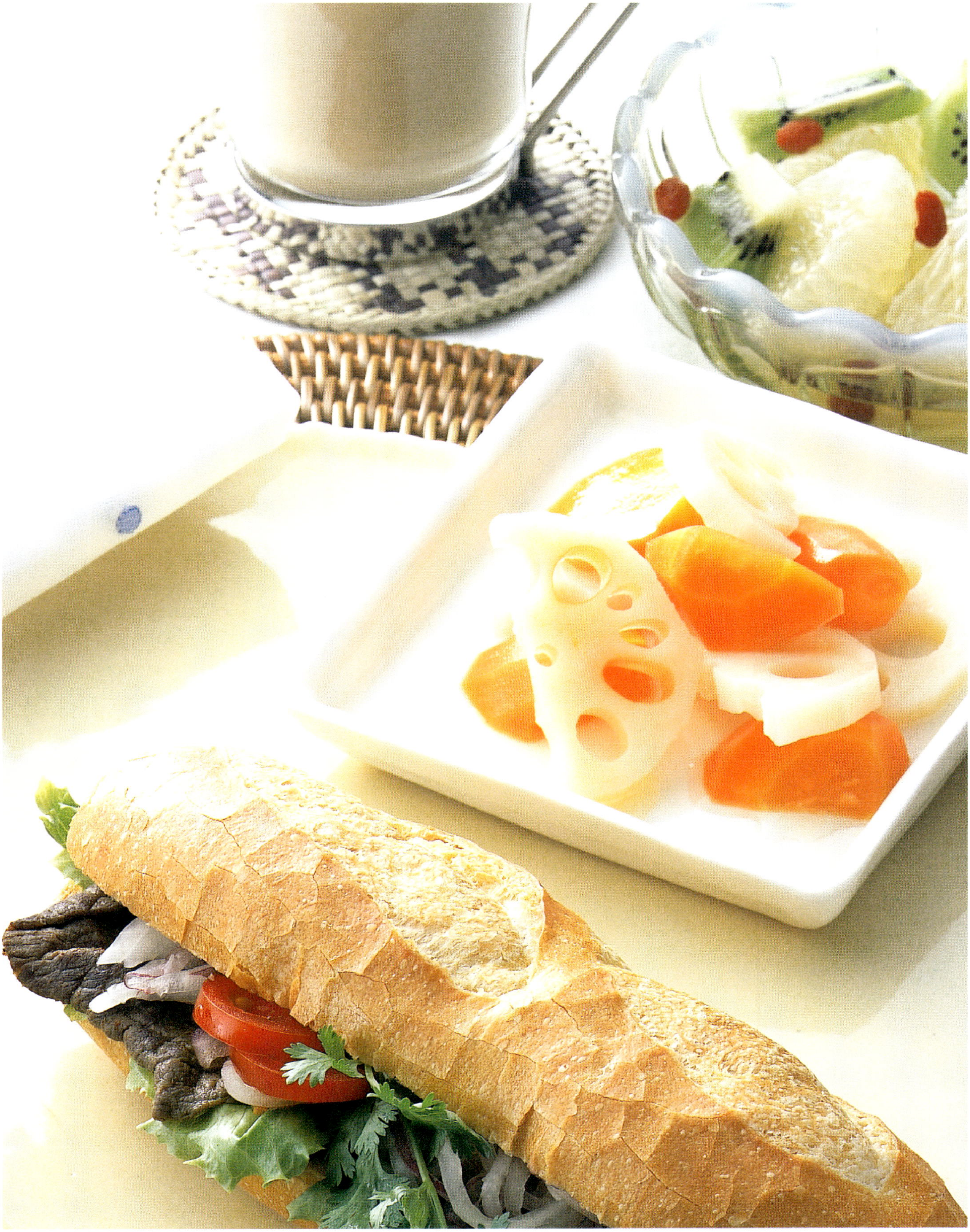

サラダブランチ

サラダは半熟卵をくずして全体にからめると、よりこくのある味わいに。
フレッシュジュースで体もリフレッシュ。

スコーン ツナディップ添え
シーザーサラダ
ミックスシトラスジュース

1食分 738kcal　塩分 2.3g

スコーン ツナディップ添え

材料／1人分
スコーン……………………小2個
ツナディップ
　ツナ油漬け缶詰め（油をきる）……………………30g
　プロセスチーズ……………15g
　マヨネーズ………………小さじ1
　パセリのみじん切り………適量
　塩・こしょう……………各少量

1人分 390kcal　塩分 1.3g

① プロセスチーズは5mm角に切る。
② ①をツナディップの他の材料と混ぜ合わせ、器に盛り、スコーンに添える。

シーザーサラダ

材料／1人分
卵……………………………1個
紫玉ねぎ……………………20g
レタス……1枚　トマト……1/4個
きゅうり……20g　クレソン適量
a
　マヨネーズ………………大さじ1/2
　粉チーズ…………………小さじ1
　レモン汁…………………小さじ1/2
　粒入りマスタード………小さじ1/3
　おろしにんにく・塩・こしょう
　　………………………各少量

1人分 155kcal　塩分 1.0g

① 卵は室温にもどし、70℃に沸かした湯に入れ、70℃を保ちながら25〜30分おく（途中70℃以下になったら弱火にかけて70℃前後を保つ）。冷水にとり、さます。
② 紫玉ねぎは薄切りにし、塩少量（分量外）をふり、しんなりしたら水洗いし、水けを絞る。
③ レタスとクレソンは食べやすい大きさにちぎる。トマトはくし切りにし、きゅうりは斜め薄切りにする。
④ aを混ぜ合わせて②③をあえて器に盛り、①を割りのせる。

ミックスシトラスジュース

材料／1人分
オレンジ……………………200g
グレープフルーツ…………150g
レモン汁・はちみつ…各小さじ2

1人分 193kcal　塩分 0g

① オレンジとグレープフルーツは皮をむき、外側の薄皮を除き、それぞれ4〜5つに切る。
② すべての材料をミキサーに入れ、なめらかになるまで撹拌し、グラスに注ぐ。

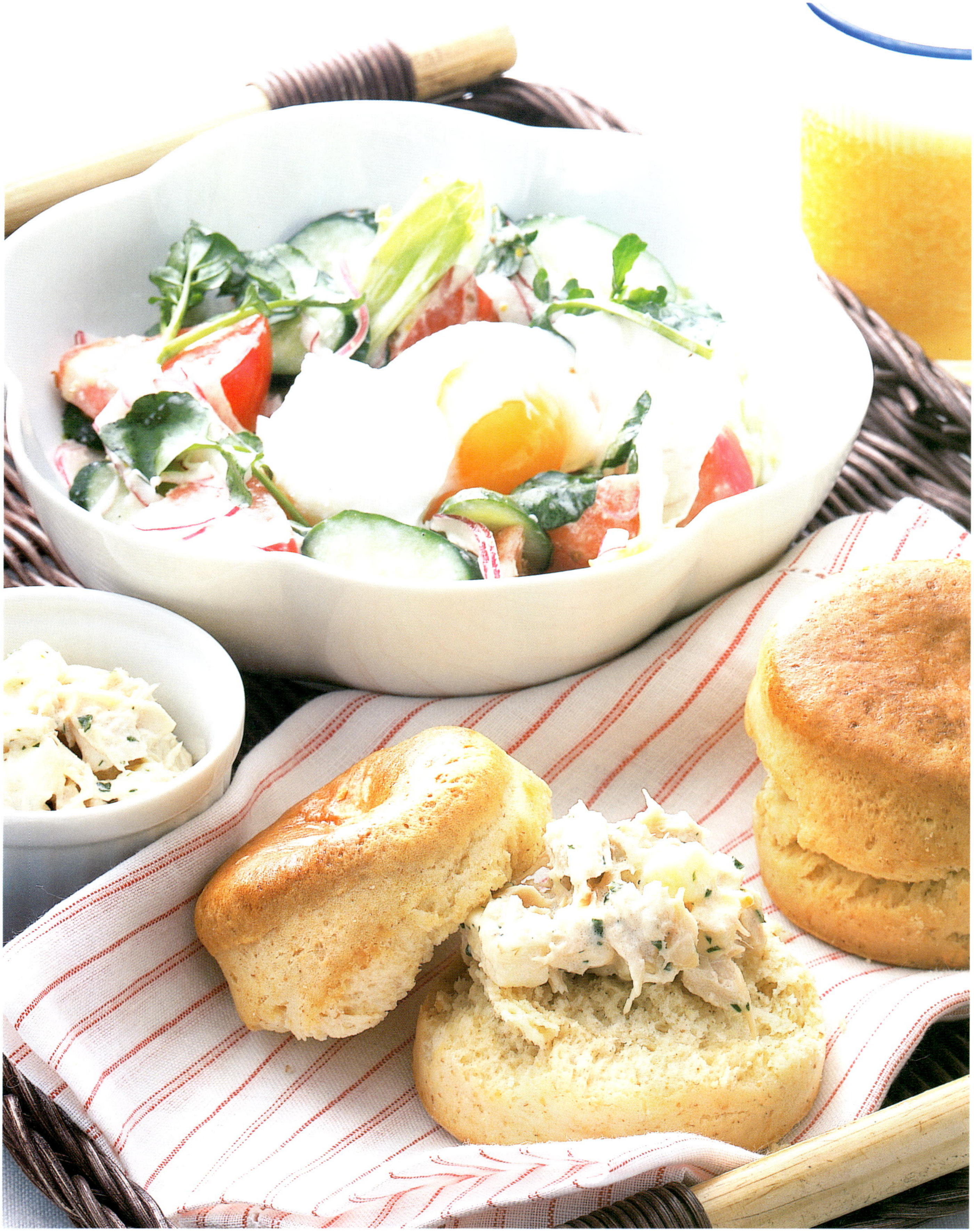

混ぜずしブランチ

アジの干物で作る混ぜずしは素朴でほっとする一品です。
こちらで少し手間がかかるので、
サラダはゆでっぱなしの野菜を使って簡単にします。

アジの混ぜずし
根菜とゆで野菜のサラダ
豆腐のスープ
ぶどう

1食分516kcal　塩分4.1g

アジの混ぜずし

材料／5人分

米・水	各2カップ
アジの干物	2枚
酒	大さじ1
しょうがの甘酢漬け	20g
青じそ	10枚
いり白ごま	大さじ1
a　酢	¼カップ
塩	小さじ1
砂糖	大さじ1½

1人分325kcal　塩分2.0g

①米は炊く30分以上前に洗い、ざるにあげて水けをきる。分量の水を加えて普通に炊く。
②アジは熱した焼き網で焼き、熱いうちに皮と骨を除いてほぐし、酒をふる。
③しょうがの甘酢漬けとしそはせん切りにする。
④aはよく混ぜ合わせる。
⑤ごはんを蒸らし終えたら、熱いうちに④をまわしかけ、しゃもじで切るようにして混ぜ合わせ、あおいでさます。
⑥②、しょうがの甘酢漬け、半量のしそを加え混ぜ、皿に盛る。ごまを散らし、残りのしそをのせる。

根菜とゆで野菜のサラダ

材料／1人分

にんじん・ごぼう	各50g
かぶ	1個
a　しょうゆ	小さじ1
ごま油	小さじ½
砂糖　小さじ⅓　塩	少量
酢	小さじ⅔

1人分89kcal　塩分1.0g

①にんじんは斜め薄切りにし、ラップに包んで電子レンジ（600W）で1分半加熱する。
②ごぼうは斜め薄切りにし、水につけてアクを除き、沸騰湯でさっとゆでておく。
③かぶは茎を長めに残して葉を切り、皮をむいて縦半分に切る。なべにかぶとひたひたの水を入れて火にかけ、かぶがやわらかくなるまでゆでる。
④①②③を小鉢に盛り、aを混ぜ合わせてかける。

豆腐のスープ

材料／1人分

もめん豆腐	¼丁
a　水	⅔カップ
顆粒ブイヨン	小さじ¼
塩・こしょう	各少量
かたくり粉	小さじ1
水	小さじ2
小ねぎの小口切り	適量

1人分67kcal　塩分1.1g

①なべにaを入れて煮立たせ、豆腐を手でくずしながら加え、再度煮立ったら水で溶いたかたくり粉を加えてとろみをつける。
②わんに注いで小ねぎを散らす。

ぶどう

材料／1人分

ぶどう（巨峰など）	10粒

1人分35kcal　塩分0g

ぶどうを皿に盛る。

115

変わりごはんブランチ

黒豆の滋養が体にじんわりしみ込むようなごはんです。
照り焼きチキンは
生野菜と合わせてよりヘルシーな一品にしました。

黒豆ごはん
かぼちゃとオクラのそぼろあえ
照り焼きチキンのサラダ
すいか

1食分621kcal　塩分3.7g

黒豆ごはん

材料／5人分

米	2カップ
黒豆	乾50g
黒豆のゆで汁＋水	2カップ
こんにゃく	100g
a ｛ みりん・酒	各小さじ2
塩	小さじ1

1人分278kcal　塩分1.2g

① 黒豆はざっと洗い、水2カップ（分量外）に浸して半日おく。
② ①をつけ汁ごと火にかけ、沸騰したら5〜6分ゆでてそのままさます。
③ 米は炊く30分以上前に洗い、ざるにあげて水けをきる。
④ こんにゃくはゆで、湯をきり、7mm角に切る。
⑤ 黒豆をゆでた汁に水を加えて2カップにし、aを加え混ぜる。
⑥ 炊飯器の内釜に米、黒豆、こんにゃくを入れ、⑤を加えて普通に炊く。

かぼちゃとオクラのそぼろあえ

材料／1人分

かぼちゃ	80g
オクラ	3本
a ｛ ツナ油漬け缶詰め（油をきる）	15g
しょうゆ・みりん	各小さじ1
砂糖	小さじ1/2

1人分147kcal　塩分1.0g

① かぼちゃは食べやすい大きさのくし形切りにし、ラップに包んで電子レンジ(600W)で3分加熱する。
② オクラはがくをくるりとむいて除き、塩少量（分量外）をふって板ずりし、沸騰湯でゆで、冷水にとってさます。水けをきって斜め半分に切る。
③ aはよく混ぜ合わせ、なべに入れて火にかけ、菜箸（さいばし）でかき混ぜながら汁けをとばし、いりつける。
④ ③が熱いうちに①②をあえる。

すいか

材料／1人分

すいか	200g

1人分74kcal　塩分0g

すいかは食べやすく切って皿に盛る。

照り焼きチキンのサラダ

材料／1人分

｛ 鶏胸肉（皮なし）	50g
｛ しょうゆ・みりん	各小さじ1
油	小さじ1
レタス・サニーレタス	各1枚
きゅうり	20g
a ｛ 酢	大さじ1/2
しょうゆ	小さじ1/2
塩・こしょう	各少量

1人分122kcal　塩分1.5g

① 鶏肉はそぎ切りにし、しょうゆとみりんをからめる。
② フライパンに油を熱し、汁けをきった①をこんがりと焼き、中まで火を通す。仕上がり間際に漬け汁を加えて味をからめる。
③ レタスとサニーレタスは食べやすい大きさにちぎり、水につけてパリッとさせ、水けをきる。
④ きゅうりは縦半分に切って斜め薄切りにする。
⑤ ②③④を彩りよく皿に盛り、混ぜ合わせたaをかける。

117

料理＆栄養価一覧

- ここに掲載した数値は科学技術庁資源調査会編「五訂日本食品標準成分表」の数値に基づき、計算したものです。
- 栄養計算値は特別記載のあるもの以外は1人分です。
- Trは微量の意味です。

料理名	掲載ページ	エネルギー(kcal)	たんぱく質(g)	脂質(g)	炭水化物(g)	食物繊維(g)	カルシウム(mg)	リン(mg)	鉄(mg)	ナトリウム(mg)	カリウム(mg)	レチノール当量(µg)	ビタミンB₁(mg)	ビタミンB₂(mg)	ビタミンC(mg)	ビタミンE(mg)	コレステロール(mg)	塩分(g)
主菜																		
納豆入り卵焼き	41	163	10.0	11.2	4.6	1.9	55	155	1.6	355	332	112	0.07	0.31	7	1.8	210	0.9
小松菜とサクラエビの卵焼き	41	137	8.9	9.4	3.5	1.2	149	150	2.0	373	359	249	0.07	0.27	16	1.8	231	0.9
卵のソース焼き	41	132	6.9	9.3	4.5	1.0	53	106	1.2	291	195	94	0.05	0.23	22	1.5	210	0.8
アスパラガスとトマトの卵いため	41	149	7.6	11.3	2.6	1.2	37	127	1.3	384	280	372	0.11	0.29	14	2.7	210	1.0
ソーセージのスープ煮	42	173	7.2	11.7	11.4	2.7	60	121	0.8	663	361	20	0.16	0.09	50	0.3	23	1.7
ツナと豆腐のいため物	42	271	16.4	19.5	6.9	1.6	188	263	2.1	734	363	61	0.13	0.11	2	5.1	12	1.8
肉野菜いため	42	175	11.4	11.3	5.4	1.7	33	126	0.7	455	361	157	0.48	0.14	36	1.5	34	1.1
いり豆腐	42	231	14.6	15.0	6.7	1.2	233	246	2.0	690	355	205	0.14	0.18	2	2.5	116	1.7
照り焼き豆腐	43	203	11.0	12.4	9.8	1.4	207	195	1.7	653	388	24	0.13	0.08	13	2.2	0	1.6
豆腐チャンプルー	43	268	19.7	18.0	5.3	1.5	208	284	2.2	632	467	238	0.41	0.24	4	2.7	126	1.6
厚揚げとキャベツのみそいため	43	239	10.8	15.2	13.7	3.0	230	169	2.7	696	366	155	0.10	0.07	39	2.5	Tr	1.8
おからのいり煮	43	137	6.0	6.0	15.3	6.5	108	113	0.9	438	333	143	0.08	0.06	2	1.4	21	1.1
豆腐のカリカリじゃこサラダ	44	175	12.2	10.5	7.7	2.0	212	221	1.7	639	395	71	0.16	0.08	9	2.4	12	1.6
温泉卵	44	92	6.4	5.2	3.0	0	28	99	0.9	212	103	75	0.04	0.22	Tr	0.6	210	0.6
半熟卵	44	76	6.2	5.2	0.2	0	26	90	0.9	187	65	75	0.03	0.22	0	0.6	210	0.5
温泉卵のサラダ	44	136	7.6	9.3	5.3	1.7	99	134	1.8	371	386	198	0.10	0.28	26	2.4	210	1.0
温泉卵のなめたけおろしかけ	45	100	7.1	5.3	6.9	2.0	52	130	1.2	342	348	93	0.09	0.25	11	0.6	210	0.8
ハムエッグ	45	152	9.5	11.9	0.5	0.1	30	159	1.0	388	125	84	0.15	0.24	11	1.4	218	1.0
目玉焼き	45	113	6.2	9.2	0.3	0.1	28	91	0.9	188	73	84	0.03	0.22	1	1.3	210	0.5
ゆで卵のサラダ	45	146	7.2	11.0	4.3	1.2	46	126	1.3	144	292	162	0.08	0.25	14	2.3	222	0.4
スクランブルエッグ	46	113	6.2	9.2	0.3	0.1	29	91	1.0	187	77	87	0.03	0.22	1	1.3	210	0.5
ブロッコリー入りスクランブルエッグ	46	155	9.2	11.5	3.9	3.1	53	153	1.6	357	320	166	0.13	0.36	84	3.4	210	1.0
チーズ入りスクランブルエッグ	46	164	9.6	13.1	0.5	0.1	123	200	1.0	352	86	129	0.04	0.27	1	1.5	222	0.9
コーンとほうれん草入りスクランブルエッグ	46	158	7.7	11.5	5.4	2.1	51	122	2.0	354	439	427	0.09	0.33	18	2.8	210	0.9
バナナとキウイ入りスクランブルエッグ	47	186	6.9	10.1	17.2	1.1	36	111	1.1	115	308	113	0.06	0.24	22	1.2	223	0.3
キャベツとハムの卵いため	47	195	10.5	14.1	6.2	1.6	60	184	1.3	586	284	80	0.18	0.26	37	1.8	218	1.5
きのこ入りスクランブルエッグ	47	139	7.5	11.4	2.1	1.5	27	138	1.1	306	244	75	0.09	0.32	2	1.7	210	0.8
もやしとにらの卵いため	47	146	7.9	11.2	2.9	1.5	46	116	1.3	386	219	193	0.07	0.28	12	2.3	210	1.0
いり卵	48	89	6.4	5.2	3.5	0.1	27	95	1.0	223	78	77	0.03	0.22	2	0.6	210	0.6
さやえんどうとおかかのいり卵	48	141	7.9	9.2	6.1	1.0	39	118	1.3	270	158	239	0.08	0.26	15	1.6	212	0.7
明太子と三つ葉のいり卵	48	113	9.5	5.7	4.2	0.2	34	140	1.1	457	146	136	0.09	0.28	13	1.6	252	1.2
じゃことわかめのいり卵	48	136	7.8	9.3	4.7	0.8	48	126	1.1	411	104	90	0.04	0.23	1	1.4	222	1.1
卵のマヨネーズいため	49	116	6.4	9.5	0.4	0.1	30	96	1.0	203	75	87	0.03	0.23	1	1.4	219	0.5
ひじき入り卵焼き	49	171	8.7	12.1	7.1	2.9	148	136	4.0	346	455	191	0.07	0.29	5	2.0	221	0.9
厚焼き卵	49	133	6.4	9.2	4.2	0.6	38	100	1.1	226	171	93	0.04	0.22	1	1.3	210	0.6
オムレツ	49	207	12.9	15.7	1.2	0.1	72	196	1.9	425	166	199	0.07	0.46	1	1.2	434	1.1
チーズ入りオムレツ	50	257	16.3	19.6	1.4	0.1	166	305	1.9	590	175	241	0.07	0.51	1	1.4	446	1.5

料理名	掲載ページ	エネルギー(kcal)	たんぱく質(g)	脂質(g)	炭水化物(g)	食物繊維(g)	カルシウム(mg)	リン(mg)	鉄(mg)	ナトリウム(mg)	カリウム(mg)	レチノール当量(μg)	ビタミンB₁(mg)	ビタミンB₂(mg)	ビタミンC(mg)	ビタミンE(mg)	コレステロール(mg)	塩分(g)
ハムとピーマン入りオムレツ	50	249	16.3	18.6	2.2	0.4	75	267	2.1	625	247	209	0.19	0.49	23	1.4	442	1.6
マッシュルームと玉ねぎ入りオムレツ	50	213	13.7	15.8	2.8	0.9	77	210	2.1	496	203	205	0.08	0.51	3	1.3	435	1.3
小松菜と油揚げの卵とじ	50	129	8.5	6.9	6.1	1.0	129	140	2.6	553	395	335	0.09	0.30	20	1.1	210	1.4
菜の花とアサリの卵とじ	50	153	15.1	5.9	8.2	2.1	142	227	13.8	670	315	263	0.12	0.40	65	2.9	237	1.7
キャベツとハムの巣ごもり卵	50	184	10.3	14.1	3.7	1.1	54	175	1.2	585	240	80	0.17	0.26	35	1.8	218	1.5
トマト入りレンジココット	51	95	6.9	5.3	5.0	1.1	36	117	1.2	424	287	177	0.08	0.24	16	1.5	210	1.1
ハムと小ねぎのレンジココット	51	118	9.7	8.0	1.0	0.3	38	162	1.1	465	151	112	0.16	0.25	14	0.7	218	1.2
ポーチドエッグ	51	98	7.8	5.4	4.4	2.1	61	126	2.4	179	583	573	0.11	0.36	25	2.2	210	0.4
ハムのソテー	51	116	6.6	9.6	0.6	0.1	7	137	0.3	400	114	12	0.24	0.05	21	0.9	16	1.0
ハムとほうれん草のいため物	51	132	8.4	9.9	3.1	2.2	44	174	1.8	569	658	560	0.33	0.21	48	2.6	16	1.4
ソーセージのボイル	51	129	5.3	11.4	1.3	0.1	5	77	0.3	292	79	9	0.11	0.06	5	0.2	23	0.8
ソーセージのソテー	52	166	5.3	15.4	1.3	0.1	5	77	0.3	292	79	9	0.11	0.06	5	0.9	23	0.8
ソーセージとキャベツのいため物	52	182	6.2	15.5	4.9	1.3	33	95	0.6	491	214	6	0.13	0.07	33	1.0	23	1.3
アスパラガスのベーコン巻き	52	90	3.6	7.9	0.1	0.7	9	70	0.4	161	150	253	0.15	0.09	13	0.7	10	0.4
ベーコンとブロッコリーのいため物	52	145	6.0	12.2	4.3	3.5	32	117	0.9	371	332	105	0.21	0.19	103	2.9	10	1.0
蒸し鶏のサラダ	52	99	12.3	2.8	4.5	0.9	17	135	0.4	522	384	69	0.08	0.08	13	0.8	35	1.3
ささ身の梅チーズ焼き	52	159	20.8	7.2	0.7	0.2	70	251	0.2	601	365	51	0.08	0.13	2	1.1	61	1.5
ひき肉とトマトのいため物	53	118	7.2	7.2	6.2	1.3	14	91	0.5	460	297	56	0.31	0.09	21	1.5	20	1.2
サケの塩焼き	53	207	22.6	11.1	1.8	0.6	28	278	0.4	727	417	42	0.15	0.16	6	0.4	64	1.8
サケの焼き浸し	53	214	23.5	11.3	2.4	1.3	19	302	0.5	856	472	37	0.19	0.20	11	0.6	64	2.1
サケのおろしあえ	53	217	22.8	11.2	4.3	1.4	41	288	0.5	737	555	42	0.16	0.16	12	0.4	64	1.8
サケのしょうが風味焼き	53	233	23.9	10.2	8.3	1.5	21	285	1.0	814	518	31	0.21	0.27	24	2.6	59	2.1
アジの干物	53	101	12.1	5.3	0.1	0	22	132	0.5	402	186	Tr	0.06	0.09	0	0.4	44	1.0
アジの干物のしそおろしかけ	54	119	12.6	5.4	4.2	1.4	47	150	0.7	653	422	18	0.08	0.10	11	0.5	44	1.6
シシャモのフライパン焼き	54	170	9.7	13.0	2.5	0.6	213	223	1.0	432	184	109	0.02	0.21	40	2.9	174	1.1
青梗菜の明太子いため	54	66	3.0	4.5	3.0	1.6	103	64	1.2	486	307	345	0.07	0.12	33	2.1	28	1.3
シラスおろし	54	25	1.6	0.2	4.4	1.4	36	41	0.2	331	248	25	0.03	0.02	12	0.1	12	0.8
ツナサラダ	54	123	4.7	10.6	2.8	0.9	25	74	0.6	149	145	14	0.03	0.05	21	3.0	20	0.4
ちくわと野菜のいため物	54	178	5.2	12.8	11.1	2.3	47	68	0.7	468	284	296	0.06	0.07	45	2.7	8	1.2
かまぼこのわさびあえ	55	49	4.9	0.4	7.5	1.3	26	45	0.4	583	150	53	0.03	0.03	9	0.3	5	1.5
はんぺんのバター焼き	55	142	11.3	4.4	13.8	1.2	27	148	0.9	622	374	318	0.08	0.08	14	1.5	23	1.6
笹かまの照り焼き	55	120	8.0	4.6	10.9	0.6	20	53	0.5	942	150	37	0.02	0.04	37	1.6	9	2.4
さつま揚げの煮物	55	159	12.8	3.3	20.0	2.0	155	154	2.0	1175	526	340	0.16	0.33	24	1.1	16	3.1
目刺しのレモンおろしかけ	55	178	12.0	12.2	3.6	1.0	134	135	1.8	716	279	52	0.02	0.15	10	0.2	64	1.8
ちくわと大根の煮物	55	176	13.0	1.9	25.8	2.3	56	160	1.4	1490	533	430	0.10	0.14	13	0.5	23	3.8
冷ややっこ	56	118	11.2	6.4	3.4	0.8	188	184	1.6	367	264	19	0.12	0.07	2	1.0	2	0.9
中国風冷ややっこ	56	124	8.5	6.6	7.6	1.6	83	159	1.5	361	496	58	0.20	0.10	10	1.1	0	0.9
豆腐とわかめのサラダ	56	150	8.3	10.6	6.1	2.3	148	150	1.8	551	471	263	0.13	0.11	18	2.8	Tr	1.4
豆腐のおかかまぶし焼き	56	220	14.0	12.6	11.3	2.5	325	242	4.1	558	753	465	0.21	0.19	41	3.1	5	1.3
焼き厚揚げ	56	127	8.7	8.5	3.6	1.3	196	132	2.2	353	240	18	0.07	0.04	6	1.1	Tr	0.9
厚揚げと青梗菜の煮物	56	148	9.5	8.6	7.0	1.7	284	161	3.2	564	417	340	0.09	0.11	24	1.8	Tr	1.5
厚揚げのなめこおろしあんかけ	57	149	9.7	8.6	8.7	2.6	199	166	2.5	371	372	7	0.10	0.10	6	1.1	Tr	0.9
煮やっこ	57	107	8.0	4.5	7.3	0.8	72	141	1.3	261	310	Tr	0.16	0.08	2	0.5	Tr	0.6

料理名	掲載ページ	エネルギー(kcal)	たんぱく質(g)	脂質(g)	炭水化物(g)	食物繊維(g)	カルシウム(mg)	リン(mg)	鉄(mg)	ナトリウム(mg)	カリウム(mg)	レチノール当量(μg)	ビタミンB₁(mg)	ビタミンB₂(mg)	ビタミンC(mg)	ビタミンE(mg)	コレステロール(mg)	塩分(g)
納豆	57	83	6.9	4.0	5.4	2.7	39	83	1.4	229	286	7	0.03	0.23	1	0.5	Tr	0.6
納豆の梅おろしかけ	57	92	7.1	4.1	7.7	3.6	55	90	1.5	471	414	37	0.04	0.24	6	0.6	Tr	1.2
にらとチーズ入り納豆	57	138	10.9	8.0	6.0	3.2	134	225	1.4	394	458	219	0.08	0.25	6	1.7	12	1.0
がんもどきとオクラの煮物	57	173	10.3	10.7	7.6	1.5	180	151	2.3	530	171	15	0.04	0.06	2	1.6	Tr	1.4
大豆の煮物	58	144	10.0	4.7	15.9	6.3	102	143	1.6	749	214	283	0.03	0.04	1	1.0	1	1.9
油揚げの網焼き	58	80	4.0	6.6	1.0	0.3	63	52	0.9	173	133	18	0.02	0.02	Tr	0.6	Tr	0.4
油揚げと白菜の煮物	58	83	4.3	3.5	7.1	1.4	107	93	0.9	507	360	16	0.05	0.05	19	0.6	11	1.3
油揚げと小松菜の煮浸し	58	108	5.6	6.8	5.8	1.7	200	101	3.2	496	576	416	0.09	0.13	31	1.2	Tr	1.2
油揚げの納豆、チーズ詰め焼き	58	190	11.8	13.8	4.2	1.8	205	250	1.5	336	302	74	0.05	0.17	2	1.2	16	0.9
凍り豆腐の牛乳煮	58	183	12.7	9.5	11.2	1.8	358	277	3.4	396	569	457	0.12	0.27	32	1.5	13	1.0
副菜																		
ほうれん草のカテージチーズあえ	60	91	7.1	4.7	7.7	4.3	134	136	2.8	439	824	708	0.18	0.29	36	2.3	4	1.1
ごぼうのきんぴら	60	95	1.6	4.1	12.7	3.8	61	46	0.7	525	181	22	0.03	0.04	1	1.0	Tr	1.3
キャベツのスープ煮	60	64	2.5	2.3	10.1	2.7	57	56	0.5	486	299	20	0.08	0.05	48	0.2	3	1.2
ピクルス	60	29	1.8	0.1	5.8	2.2	31	50	0.4	327	361	227	0.05	0.07	38	0.3	0	0.8
マッシュルームのカレーピクルス	61	17	2.8	0.3	3.4	2.0	8	94	0.4	318	342	12	0.06	0.26	3	Tr	Tr	0.8
ひじきの煮物	61	103	4.6	5.9	10.5	4.6	221	76	5.9	538	586	195	0.06	0.14	Tr	1.3	21	1.4
なめことオクラのマヨネーズあえ	61	63	2.0	5.0	4.7	2.5	36	58	0.6	313	183	26	0.06	0.09	2	1.1	9	0.8
ひじきのサラダ	61	87	3.0	6.3	8.8	5.6	222	64	6.3	464	552	208	0.08	0.15	3	0.9	6	1.2
ほうれん草のお浸し	62	19	2.1	0.3	2.9	2.2	41	45	1.7	243	572	560	0.09	0.17	28	1.7	0	0.6
ほうれん草のソテー	62	57	2.2	4.4	3.2	2.8	50	47	2.0	289	692	700	0.11	0.20	35	2.9	Tr	0.7
ほうれん草のごまあえ	62	55	3.1	3.0	5.3	2.9	100	72	2.2	241	588	560	0.11	0.18	28	1.8	0	0.6
ほうれん草とにんじんのナムル	62	50	2.3	2.9	4.7	2.9	57	52	1.8	249	621	841	0.10	0.17	29	1.9	0	0.6
釜あげほうれん草	63	22	2.4	0.4	3.4	2.8	50	52	2.1	187	702	700	0.11	0.21	35	2.1	1	0.4
小松菜のからしあえ	63	20	1.9	0.3	3.2	1.9	172	53	2.9	272	518	520	0.09	0.14	39	0.9	0	0.7
ほうれん草とえのきの磯辺あえ	63	22	2.5	0.3	4.2	2.8	37	64	1.7	244	579	504	0.13	0.19	25	1.5	Tr	0.6
小松菜のおかかあえ	63	21	2.8	0.2	2.8	1.9	172	60	3.0	249	526	520	0.10	0.14	39	0.9	2	0.6
小松菜ともやしのナムル	64	35	1.9	2.1	2.8	1.7	93	40	1.6	242	296	261	0.07	0.10	25	0.6	0	0.6
小松菜と厚揚げのいため浸し	64	113	5.0	7.6	5.5	1.7	211	98	3.1	372	491	416	0.10	0.13	31	1.9	Tr	0.9
小松菜とじゃこの煮浸し	64	39	3.3	0.3	5.8	1.9	184	85	2.9	454	566	527	0.10	0.15	39	1.0	12	1.1
小松菜のマスタードマヨネーズあえ	64	61	2.1	4.9	3.1	1.9	175	60	3.0	272	517	523	0.10	0.14	39	1.7	9	0.7
小松菜のおかかマヨネーズあえ	65	61	2.8	4.6	2.8	1.9	173	63	3.0	246	523	524	0.10	0.15	39	1.7	11	0.7
菜の花のマスタードマヨネーズあえ	65	58	3.8	3.4	5.0	3.4	132	77	2.4	276	319	298	0.14	0.23	104	3.0	6	0.7
菜の花のからしあえ	65	32	3.9	0.3	5.4	3.4	130	76	2.4	270	330	296	0.13	0.23	104	2.4	0	0.7
菜の花のお浸し	65	36	4.7	0.2	6.2	4.2	161	93	3.0	247	410	370	0.16	0.29	130	3.0	0	0.6
菜の花の納豆あえ	66	66	6.9	2.1	6.8	4.1	126	120	2.7	354	436	259	0.14	0.28	91	2.5	0	0.9
青梗菜のおかかあえ	66	15	1.7	0.1	2.4	1.2	102	40	1.3	265	284	340	0.04	0.08	24	0.7	2	0.7
菜の花の明太子マヨネーズあえ	66	79	5.8	4.8	5.0	3.4	132	103	2.4	287	332	304	0.16	0.26	112	3.9	37	0.7
青梗菜とエリンギのいため物	66	68	1.2	6.2	3.2	1.8	101	45	1.2	500	332	340	0.05	0.11	24	1.8	Tr	1.3
青梗菜のスープ煮	67	11	0.7	0.1	2.4	1.2	101	28	1.1	578	264	340	0.03	0.07	24	Tr	Tr	1.5
にんじんのドレッシング漬け	67	99	0.7	6.1	9.4	2.6	31	26	0.3	338	285	1412	0.04	0.04	5	1.7	0	0.9
にんじんの明太子いため	67	83	2.7	4.4	7.8	2.0	25	52	0.3	354	242	1125	0.07	0.07	11	1.8	28	0.9
にんじんとえのきのきんぴら	67	79	1.8	4.2	10.0	2.8	15	64	0.7	241	300	707	0.12	0.10	2	1.0	Tr	0.6

料理名	掲載ページ	エネルギー(kcal)	たんぱく質(g)	脂質(g)	炭水化物(g)	食物繊維(g)	カルシウム(mg)	リン(mg)	鉄(mg)	ナトリウム(mg)	カリウム(mg)	レチノール当量(μg)	ビタミンB₁(mg)	ビタミンB₂(mg)	ビタミンC(mg)	ビタミンE(mg)	コレステロール(mg)	塩分(g)
にんじんの甘煮	68	57	1.0	0.1	13.9	2.5	30	36	0.2	474	321	1400	0.05	0.05	4	0.5	0	1.2
キャベツのレモンじょうゆあえ	68	28	1.8	0.2	6.0	1.8	45	37	0.4	347	226	8	0.04	0.04	42	0.1	0	0.9
キャベツのいためサラダ	68	66	1.6	4.2	6.3	2.2	56	38	0.4	324	315	22	0.05	0.04	44	0.9	Tr	0.8
コーン入りコールスローサラダ	68	92	2.2	4.8	11.0	2.4	60	49	0.4	251	252	166	0.05	0.06	35	1.0	2	0.6
かぼちゃのあずき煮	69	139	2.9	0.4	30.8	4.2	18	62	0.6	133	490	660	0.08	0.10	43	5.1	0	0.3
かぼちゃのはちみつレモン風味	69	94	1.6	0.2	22.4	2.8	12	35	0.5	1	365	528	0.06	0.07	37	4.1	0	0
かぼちゃのチーズソースサラダ	69	143	3.7	4.9	21.1	3.6	26	61	0.6	248	468	677	0.07	0.11	44	5.9	3	0.6
かぼちゃとツナのサラダ	69	167	5.5	6.9	21.7	4.3	31	101	1.4	370	689	872	0.11	0.17	54	7.6	12	0.9
かぼちゃの甘煮	69	112	2.4	0.3	25.7	3.5	19	61	0.6	206	525	660	0.08	0.11	43	5.1	0	0.5
焼きなす	69	39	2.1	0.2	8.8	3.6	31	57	0.6	233	384	27	0.08	0.09	6	0.5	2	0.6
なすの中国風ソースかけ	70	43	2.4	0.2	9.4	3.7	37	60	0.7	343	402	49	0.09	0.10	9	0.6	2	0.9
なすの煮物	70	61	2.8	0.2	13.8	3.5	34	75	0.6	547	450	27	0.09	0.11	6	0.5	2	1.4
れんこんの甘煮	70	92	2.1	0.1	22.1	1.7	21	78	0.5	341	435	3	0.09	0.03	39	0.5	Tr	0.9
れんこんのきんぴら	70	112	2.4	4.2	16.4	2.0	19	78	0.6	362	417	7	0.10	0.04	39	1.2	0	1.0
れんこんの甘酢漬け	70	67	1.6	0.1	15.7	1.6	17	60	0.4	254	360	4	0.08	0.01	38	0.5	0	0.7
れんこんのサラダ	70	81	1.8	3.0	12.8	1.7	20	66	0.5	247	371	14	0.08	0.02	40	1.1	6	0.7
焼きピーマン	71	19	1.5	0.2	3.4	1.4	8	25	0.4	176	134	40	0.02	0.03	46	0.5	2	0.4
ピーマンのきんぴら	71	66	0.9	4.6	4.9	1.1	18	22	0.3	228	108	47	0.02	0.04	48	1.7	Tr	0.6
ピーマンとなすのみそいため	71	97	2.6	4.6	11.1	2.8	31	56	0.9	636	294	34	0.05	0.06	26	1.3	1	1.6
もやしのしょうが酢あえ	71	18	1.6	0.1	3.3	1.3	21	34	0.4	373	147	28	0.04	0.05	13	0.2	0	0.9
もやしのカレー風味サラダ	71	55	1.9	4.1	3.1	1.7	24	30	0.4	201	115	35	0.05	0.06	11	1.0	Tr	0.5
もやしのからし酢あえ	71	42	2.0	2.3	4.1	1.7	17	32	0.8	274	83	0	0.04	0.06	9	0.2	0	0.7
ごぼうのサラダ	72	89	1.6	4.4	11.5	4.0	37	52	0.6	241	264	289	0.04	0.04	3	1.3	9	0.6
さつま芋とりんごの甘煮	72	122	0.9	0.2	29.8	1.9	29	35	0.5	100	355	3	0.08	0.02	23	1.2	0	0.2
さつま芋の甘辛いため煮	72	161	1.4	4.2	28.4	1.8	34	47	0.7	345	400	3	0.09	0.03	23	2.0	Tr	0.9
おかひじきのお浸し	72	15	1.8	0.1	2.1	1.3	77	35	0.8	264	370	275	0.04	0.08	11	0.5	2	0.7
かぶの甘酢漬け	72	20	0.4	0.1	4.3	0.7	13	14	0.1	159	133	4	0.02	0.02	9	0	0	0.4
かぶとわかめの酢の物	72	25	1.0	0.2	5.6	1.9	51	30	0.5	314	221	55	0.03	0.04	21	0.3	0	0.8
かぶと油揚げの煮物	73	72	2.8	1.8	10.5	2.0	94	68	0.9	502	431	94	0.06	0.08	34	0.8	Tr	1.3
春菊のお浸し	73	19	2.0	0.2	3.9	2.4	62	52	1.1	270	323	375	0.10	0.12	10	0.9	0	0.7
セロリのきんぴら	73	64	1.0	4.1	5.0	0.8	22	30	0.2	356	236	7	0.02	0.03	4	0.9	Tr	0.9
セロリのスープ煮	73	59	4.1	2.9	4.7	1.1	26	95	0.3	459	290	4	0.14	0.04	15	0.3	8	1.2
いんげんのごまあえ	73	64	3.0	3.3	7.3	2.4	108	73	1.2	345	233	69	0.07	0.10	6	0.3	Tr	0.9
いんげんの煮物	73	42	2.1	0.6	7.6	1.8	49	51	0.9	360	241	69	0.05	0.09	6	0.2	Tr	0.9
ブロッコリーのソテー	74	64	3.5	4.4	4.2	3.5	31	71	0.9	250	290	104	0.11	0.16	96	2.8	Tr	0.7
ブロッコリーとじゃこのきんぴら	74	89	5.1	4.5	7.5	3.5	43	106	1.0	438	329	115	0.12	0.17	96	2.8	12	1.2
ブロッコリーとアスパラガスのボイル	74	84	3.5	6.1	4.1	3.3	32	79	0.9	87	331	531	0.14	0.17	67	3.0	12	0.2
ブロッコリーのカテージチーズあえ	74	88	6.3	5.6	4.7	3.5	43	104	0.9	207	303	115	0.12	0.20	96	2.8	13	0.6
ブロッコリーのごまあえ	74	74	5.1	3.7	7.9	4.3	104	115	1.5	360	339	104	0.14	0.18	96	2.2	0	1.0
じゃが芋とハムのいため物	74	171	4.9	8.9	18.0	1.3	7	108	0.6	513	469	6	0.21	0.06	46	1.2	8	1.3
アスパラガスの焼き浸し	75	21	2.4	0.2	0.4	1.4	17	56	0.6	233	238	504	0.12	0.13	12	1.2	Tr	0.6
アスパラガスのソテー	75	50	1.6	4.1	0.1	1.1	12	36	0.4	196	164	378	0.08	0.09	9	1.7	Tr	0.5
アスパラガスとトマトのサラダ	75	85	1.8	6.2	4.9	1.7	15	50	0.5	316	320	342	0.11	0.08	21	2.6	Tr	0.8

料理名	掲載ページ	エネルギー(kcal)	たんぱく質(g)	脂質(g)	炭水化物(g)	食物繊維(g)	カルシウム(mg)	リン(mg)	鉄(mg)	ナトリウム(mg)	カリウム(mg)	レチノール当量(μg)	ビタミンB₁(mg)	ビタミンB₂(mg)	ビタミンC(mg)	ビタミンE(mg)	コレステロール(mg)	塩分(g)
アスパラガスのドレッシングあえ	75	77	2.4	6.2	0.3	1.7	21	55	0.7	392	256	579	0.13	0.14	15	2.5	Tr	1.0
大根のマヨネーズ風味サラダ	75	60	0.9	4.4	4.3	1.4	47	28	0.6	244	237	68	0.03	0.04	14	1.2	9	0.6
大根の梅風味サラダ	75	20	1.1	0.2	4.5	1.8	33	30	0.4	639	203	40	0.03	0.03	12	0.3	0	1.6
大根のレモンじょうゆ漬け	76	24	0.8	0.1	5.2	1.0	21	25	0.3	356	219	4	0.02	0.02	11	Tr	0	0.9
大根と葉のいため物	76	82	1.6	4.2	9.2	2.1	52	44	0.6	535	333	65	0.04	0.06	17	1.1	Tr	1.3
切り干し大根の即席漬け	76	53	1.1	0.6	10.1	2.2	68	34	1.1	243	346	Tr	0.04	0.03	Tr	Tr	0	0.6
切り干し大根の煮物	76	100	3.2	3.8	13.9	2.5	84	75	1.4	618	491	214	0.06	0.05	1	0.6	6	1.6
トマトのサラダ	76	65	1.3	4.5	5.7	1.4	22	42	0.3	229	305	161	0.07	0.05	18	2.0	9	0.6
プチトマトとチーズのサラダ	76	108	4.3	8.0	5.0	1.1	110	136	0.4	285	222	140	0.05	0.09	21	1.5	12	0.7
きゅうりのおかか梅肉あえ	77	12	1.3	0.1	2.0	0.7	17	26	0.3	382	128	28	0.02	0.02	7	0.2	2	1.0
きゅうりとじゃこのしょうが酢あえ	77	13	1.1	0.1	1.9	0.6	19	31	0.1	160	116	31	0.02	0.02	7	0.2	6	0.4
オクラ納豆	77	11	0.9	0.1	2.2	1.4	27	23	0.2	177	94	31	0.03	0.03	3	0.3	Tr	0.5
オクラのおかかマヨネーズあえ	77	53	1.6	4.4	2.1	1.4	28	29	0.4	117	86	34	0.03	0.04	3	1.2	11	0.3
オクラのさっと煮	77	27	1.0	0.1	5.2	1.8	34	30	0.4	143	129	39	0.04	0.04	4	0.4	Tr	0.4
オクラとモロヘイヤのお浸し	77	26	3.0	0.3	4.5	3.7	144	71	0.6	232	323	865	0.11	0.23	34	3.5	Tr	0.6
レタスのグリーンサラダ	78	66	0.7	6.1	2.1	0.9	27	23	0.3	199	153	82	0.04	0.04	8	1.5	Tr	0.5
レタスのしょうゆマヨネーズあえ	78	46	0.6	4.4	1.2	0.3	8	16	0.1	226	73	15	0.02	0.02	2	0.9	9	0.6
レタスとピーマンのいため物	78	63	0.9	4.1	4.5	0.8	13	23	0.3	158	95	26	0.02	0.01	13	1.0	6	0.4
カリフラワーのマスタードマヨネーズあえ	78	82	2.9	6.3	4.7	2.3	25	69	0.6	126	336	7	0.06	0.10	65	1.3	12	0.3
えのきときゅうりの梅肉あえ	78	15	1.3	0.1	3.8	1.6	18	44	0.5	434	207	28	0.07	0.06	7	0.2	0	1.1
しめじのおろしあえ	78	23	1.5	0.3	5.3	2.4	33	51	0.5	188	330	33	0.07	0.07	14	0.2	0	0.4
焼きしいたけ	79	15	1.5	0.2	2.8	1.5	4	33	0.2	229	143	11	0.04	0.07	11	0.2	0	0.6
きのことハムのソテー	79	104	5.0	9.0	2.8	1.9	7	121	0.4	514	259	12	0.18	0.15	15	1.2	8	1.3
エリンギの網焼き	79	10	1.3	0.2	2.7	1.3	2	41	0.1	172	154	0	0.04	0.09	1	Tr	0	0.4
しらたきのゆかりあえ	79	18	0.4	0.5	3.5	3.0	87	16	0.6	142	17	Tr	Tr	Tr	Tr	Tr	0	0.3
きのことごぼうのサラダ	79	69	2.4	2.2	11.3	3.8	21	72	0.7	351	283	4	0.09	0.10	3	0.3	0	0.9
こんにゃくのおかか煮	79	42	2.4	0.1	7.8	2.8	59	36	0.9	535	100	4	0.01	0.03	Tr	Tr	4	1.3
刺し身こんにゃく	80	87	1.1	6.1	7.9	2.5	38	39	0.6	571	284	98	0.06	0.03	16	2.1	Tr	1.4
糸こんにゃくのピリ辛いため	80	71	0.9	4.0	7.3	2.2	46	21	0.6	523	75	4	0.01	0.02	Tr	0.8	Tr	1.3
わかめときゅうりの酢の物	80	11	0.6	0.1	2.5	0.9	15	15	0.2	148	53	22	0.01	0.01	4	0.1	0	0.4
わかめのおろしあえ	80	25	1.5	0.3	5.2	2.2	41	38	0.4	336	239	16	0.03	0.01	11	0.1	6	0.8
わかめの酢みそかけ	80	93	1.5	6.5	7.6	1.5	26	32	0.5	415	119	20	0.03	0.02	3	1.3	Tr	1.1
わかめとキャベツのお浸し	80	24	1.7	0.2	5.2	2.0	44	35	0.4	343	183	15	0.04	0.03	33	0.1	0	0.9
切りこんぶとじゃこの煮物	81	55	3.5	0.8	9.1	2.2	60	70	0.6	590	475	161	0.07	0.06	4	0.3	12	1.5
のり	81	3	0.6	0.1	0.6	0.4	3	11	0.1	26	41	81	0.01	0.01	3	0.1	Tr	0.1
もずく酢	81	12	0.5	0.1	2.9	1.5	24	10	0.2	295	32	31	Tr	0.02	Tr	0.1	0	0.7
もずくの長芋かけ	81	43	1.8	0.3	9.2	1.9	33	27	1.0	439	250	31	0.06	0.03	3	0.2	0	1.1
もずくのおろしあえ	81	23	0.8	0.2	5.2	2.4	42	23	0.9	319	208	31	0.02	0.02	9	0.1	0	0.7
海藻サラダ	81	71	1.6	6.3	3.3	2.3	48	33	0.6	482	182	157	0.05	0.05	7	1.7	Tr	1.2
白菜の漬け物	82	9	0.7	0.1	1.8	0.9	21	17	0.2	450	10	1	0.02	0.02	12	0.1	Tr	1.2
きゅうりの漬け物	82	6	0.4	Tr	1.5	0.5	10	15	0.1	400	88	14	0.01	0.01	4	0.1	0	1.0
大根の漬け物	82	13	0.6	Tr	2.9	0.9	31	20	0.1	602	212	33	0.14	0.02	9	0.2	0	1.5
かぶの漬け物	82	14	0.8	0.1	3.0	1.0	29	22	0.2	430	250	0	0.13	0.02	14	0	0	1.1

料理名	掲載ページ	エネルギー(kcal)	たんぱく質(g)	脂質(g)	炭水化物(g)	食物繊維(g)	カルシウム(mg)	リン(mg)	鉄(mg)	ナトリウム(mg)	カリウム(mg)	レチノール当量(μg)	ビタミンB₁(mg)	ビタミンB₂(mg)	ビタミンC(mg)	ビタミンE(mg)	コレステロール(mg)	塩分(g)
なすの漬け物	82	9	0.6	0	2.1	1.1	7	13	0.2	352	104	3	0.01	0.02	3	0.1	0	0.9
キャベツの漬け物	82	9	0.5	0.1	2.1	0.7	17	11	0.1	314	81	3	0.02	0.01	16	Tr	0	0.8
汁 物																		
豆腐とねぎのみそ汁	84	51	4.2	1.9	4.3	0.8	61	86	0.8	684	239	Tr	0.05	0.05	1	0.3	Tr	1.8
じゃが芋とわかめのみそ汁	84	65	3.1	0.8	12.2	1.4	27	73	0.8	735	385	4	0.07	0.05	18	0.1	0	1.9
なめこと豆腐のみそ汁	84	53	4.7	2.0	5.3	1.5	61	102	1.0	685	309	27	0.06	0.08	1	0.4	0	1.8
小松菜と油揚げのみそ汁	84	51	3.7	2.4	4.2	1.3	105	80	1.8	687	406	208	0.06	0.09	16	0.6	Tr	1.8
シジミのみそ汁	84	35	3.0	0.9	3.6	0.5	48	46	1.8	630	69	9	0.01	0.07	Tr	0.5	20	1.6
大根のみそ汁	84	38	2.6	0.7	5.7	1.5	59	64	0.9	693	334	65	0.04	0.05	11	0.5	0	1.8
かぼちゃと玉ねぎのみそ汁	85	83	3.4	0.8	16.1	2.7	35	81	0.8	681	449	330	0.07	0.08	24	2.7	Tr	1.8
切り干し大根のみそ汁	85	50	4.2	0.9	6.6	2.1	160	93	2.4	681	399	156	0.05	0.06	12	0.1	17	1.7
豆腐とわかめのすまし汁	85	30	2.8	1.3	2.1	0.6	50	65	0.3	527	189	4	0.05	0.03	1	0.2	Tr	1.4
はんぺんのすまし汁	85	33	3.6	0.3	4.2	0.1	13	62	0.1	647	201	27	0.02	0.03	1	0.1	5	1.7
アサリのすまし汁	85	7	1.3	0.1	0.2	0	14	19	0.7	543	33	1	Tr	0.03	Tr	0.1	8	1.4
ほうれん草のかきたま汁	85	40	2.9	1.4	4.2	0.8	28	66	0.9	566	357	229	0.06	0.14	11	0.8	53	1.5
野菜スープ	86	42	2.9	0.4	8.6	3.4	49	66	0.7	586	376	197	0.09	0.11	68	1.2	Tr	1.5
野菜のミルクスープ	86	101	4.6	4.2	12.0	1.8	151	129	0.5	700	403	256	0.08	0.19	21	0.3	13	1.8
野菜のトマトスープ	86	58	2.3	0.3	13.5	3.1	50	61	0.7	651	641	357	0.10	0.09	33	1.2	Tr	1.7
コーンスープ	86	150	6.1	6.3	17.3	1.0	178	171	0.5	634	325	77	0.07	0.26	4	0.2	19	1.6
簡単ガスパチョ	86	66	3.1	1.7	11.0	1.8	88	99	0.8	386	477	137	0.09	0.11	25	1.1	6	1.0
白菜とベーコンのスープ	86	38	1.6	2.1	3.9	1.3	44	46	0.4	613	236	16	0.05	0.04	21	0.0	3	1.5
主 食																		
焼きうどん	88	407	12.2	9.2	65.8	3.7	53	121	1.3	1068	309	25	0.27	0.11	37	2.0	14	2.7
小松菜とサクラエビのお焼き	88	350	18.8	15.4	31.4	2.8	421	374	3.7	570	627	547	0.17	0.43	33	2.8	268	1.4
キャベツと豚肉のお好み焼き	88	285	16.4	12.3	25.2	2.0	50	189	1.2	547	414	44	0.53	0.25	22	1.3	139	1.4
納豆おかかチャーハン	88	474	16.2	16.7	61.3	2.8	67	219	2.3	731	374	83	0.10	0.42	3	2.5	212	1.9
フランスパン 40ｇ分	89	112	3.8	0.5	23.0	1.1	6	29	0.4	248	44	0	0.03	0.02	0	Tr	0	0.6
食パン 6枚切り1枚分	89	158	5.6	2.6	28.0	1.4	17	50	0.4	300	58	0	0.04	0.02	0	0.4	0	0.8
ロールパン 1個分	89	95	3.0	2.7	14.6	0.6	13	29	0.2	147	33	1	0.03	0.02	0	0.2	Tr	0.4
胚芽入り食パン 6枚切り1枚分	89	158	5.0	1.3	31.6	3.4	10	78	0.8	282	114	0	0.10	0.04	0	0.2	0	0.7
クロワッサン 1個分	90	179	3.2	10.7	17.6	0.7	8	27	0.2	188	36	4	0.03	0.01	0	1.0	Tr	0.5
ベーグル 1個分	90	190	5.9	0.9	37.7	1.4	10	38	0.5	245	41	0	0.05	0.03	0	0.2	0	0.6
スコーン 1個分	90	150	2.4	6.3	19.6	0.6	20	30	0.2	56	50	40	0.04	0.03	Tr	0.2	16	0.1
精白米ごはん	90	252	3.8	0.5	55.7	0.5	5	51	0.2	2	44	0	0.03	0.02	0	Tr	0	0
おかゆ	91	168	2.5	0.4	37.1	0.3	3	34	0.1	274	30	0	0.02	0.01	0	Tr	0	0.7
胚芽精米ごはん	91	251	4.1	0.9	54.6	1.2	8	102	0.3	2	77	0	0.12	0.02	0	0.6	0	0
もち 1切れ分	91	118	2.1	0.4	25.2	0.4	4	39	0.1	1	33	0	0.03	0.01	0	0.1	0	0
玄米ごはん	91	248	4.2	1.5	53.4	2.1	11	195	0.9	2	143	0	0.24	0.03	0	0.8	0	0
フレンチトースト	92	305	11.0	12.7	35.9	1.4	108	161	0.8	409	197	96	0.09	0.24	1	0.8	126	1.1
ごまチーズトースト	92	232	10.3	8.4	28.5	1.5	155	201	0.5	520	74	56	0.05	0.10	Tr	0.6	16	1.3
はちみつバタートースト	92	265	5.7	7.5	44.8	1.4	19	52	0.5	346	63	31	0.04	0.03	1	0.5	13	0.9
ハムチーズトースト	92	305	16.8	13.4	28.9	1.4	150	332	0.7	920	184	68	0.29	0.15	21	0.7	32	2.3
ピザトースト	93	289	13.8	10.6	33.9	2.0	151	274	0.7	915	222	78	0.19	0.13	18	1.1	24	2.3

料理名	掲載ページ	エネルギー(kcal)	たんぱく質(g)	脂質(g)	炭水化物(g)	食物繊維(g)	カルシウム(mg)	リン(mg)	鉄(mg)	ナトリウム(mg)	カリウム(mg)	レチノール当量(μg)	ビタミンB$_1$(mg)	ビタミンB$_2$(mg)	ビタミンC(mg)	ビタミンE(mg)	コレステロール(mg)	塩分(g)
卵サンド	93	327	12.3	16.9	30.7	1.9	49	160	1.5	591	233	145	0.10	0.26	8	2.5	230	1.5
バタートースト	93	203	5.6	7.5	28.0	1.4	18	51	0.4	345	60	31	0.04	0.03	0	0.5	13	0.9
ツナサンド	93	339	11.9	18.8	30.8	2.0	32	154	1.1	709	200	39	0.07	0.08	5	4.3	32	1.8
ハムサンド	94	272	12.5	11.5	29.7	1.8	31	199	0.7	731	243	41	0.30	0.09	24	0.7	24	1.9
フルーツサンド	94	268	9.1	6.6	44.2	2.4	66	114	0.7	354	302	17	0.09	0.10	37	0.9	5	0.9
野菜サンド	94	205	6.4	6.0	32.0	2.5	34	79	0.6	332	274	92	0.09	0.05	13	1.0	8	0.9
サーモンとクリームチーズのベーグルサンド	94	358	18.1	13.0	39.0	1.8	48	159	1.2	928	247	169	0.17	0.19	4	1.2	48	2.4
ジャムとクリームチーズのベーグルサンド	94	309	7.6	10.8	42.8	1.9	28	57	0.6	327	74	87	0.06	0.07	2	0.7	28	0.8
クロックムッシュー	94	266	13.5	10.6	28.6	1.4	148	265	0.5	720	129	65	0.17	0.13	11	0.7	24	1.8
シリアルのジャムヨーグルトかけ	95	277	8.3	4.9	49.5	1.9	171	161	0.6	399	294	64	0.07	0.21	2	0.8	17	1.0
シリアルの牛乳かけ	95	310	10.1	8.7	48.0	1.0	231	213	0.6	418	353	90	0.10	0.32	1	0.5	25	1.1
フルーツ入りシリアルの牛乳かけ	95	390	11.0	8.8	69.0	3.1	243	233	0.7	418	588	143	0.13	0.35	7	1.0	25	1.1
クラッカーのチーズのせ	95	127	6.2	6.5	11.0	0.7	141	168	0.3	311	108	86	0.03	0.09	7	0.4	16	0.8
オートミール	95	202	7.6	5.7	30.2	2.8	130	209	1.2	44	236	41	0.10	0.18	1	0.3	13	0.1
パンケーキ	95	461	14.5	14.1	68.1	2.0	186	282	0.9	518	356	118	0.14	0.31	2	1.0	135	1.3
きのこ雑炊	96	213	6.2	1.4	43.8	2.2	36	122	1.1	988	331	Tr	0.10	0.10	2	0.2	Tr	2.5
卵雑炊	96	226	8.1	3.0	39.5	0.4	28	119	0.7	340	235	65	0.08	0.15	1	0.4	107	0.9
スープ雑炊	96	224	6.5	3.2	41.1	1.2	26	118	0.4	721	185	14	0.16	0.05	25	0.1	8	1.8
牛乳がゆ	96	279	8.1	6.3	46.0	1.1	195	192	0.5	607	372	78	0.09	0.26	4	0.2	19	1.5
雑煮	96	159	8.8	0.8	27.5	0.8	48	123	0.6	695	347	106	0.08	0.08	8	0.3	16	1.8
サケ茶づけ	96	234	10.1	3.6	38.1	0.5	18	147	0.3	734	288	48	0.09	0.09	2	0.2	19	1.9
納豆おろしうどん	97	362	14.4	5.1	62.4	5.3	60	177	1.9	997	515	18	0.13	0.20	8	1.0	0	2.5
牛乳とろろそば	97	392	15.7	6.2	68.9	4.8	143	297	2.0	668	544	49	0.22	0.23	5	0.7	13	1.7
梅おろしうどん	97	318	8.2	1.1	64.5	3.3	45	92	0.9	1726	334	19	0.08	0.07	8	0.3	0	4.4
そうめん	97	390	12.1	4.3	70.4	2.9	66	132	1.3	924	283	46	0.09	0.08	7	0.7	Tr	2.3
ハムとピーマンのいためごはん	97	375	7.7	9.3	62.6	1.4	15	134	0.5	670	227	27	0.17	0.05	24	1.7	8	1.7
じゃことわかめの混ぜごはん	97	269	5.5	1.4	56.6	1.2	41	89	0.4	190	63	15	0.04	0.02	Tr	0.1	12	0.5
豆腐ごはん	98	290	7.1	2.6	56.9	0.9	70	108	0.7	707	137	19	0.07	0.03	Tr	0.4	0	1.8
菜めし	98	264	4.2	0.5	58.2	1.5	42	65	0.6	210	199	65	0.05	0.04	11	0.4	0	0.5
梅おにぎり	98	254	4.0	0.5	56.3	0.8	9	55	0.7	703	74	24	0.03	0.03	1	Tr	Tr	1.8
サケおにぎり	98	330	11.1	5.4	56.2	0.8	45	149	0.5	569	153	7	0.09	0.07	Tr	0.2	19	1.4
こんぶおにぎり	98	261	4.6	0.6	59.3	1.3	21	67	0.3	645	133	24	0.04	0.03	1	Tr	Tr	1.6
焼きおにぎり	98	273	4.2	1.5	57.6	0.5	6	61	0.3	344	67	0	0.03	0.03	0	0.2	Tr	0.9
飲み物・デザート																		
カフェオレ	100	74	3.7	4.0	5.7	0	118	105	Tr	44	223	41	0.04	0.17	1	0.1	13	0.1
ミルクティー	100	37	1.9	2.0	2.7	0	59	51	Tr	23	89	20	0.02	0.09	1	0.1	6	0.1
ココア	100	139	5.9	6.8	15.2	1.0	179	173	0.6	65	348	62	0.07	0.25	2	0.2	19	0.2
バナナミルクドリンク	100	160	5.7	6.1	21.8	0.6	176	160	0.2	65	416	66	0.09	0.26	10	0.4	19	0.2
野菜ジュース	100	56	0.7	0.2	14.7	1.5	18	17	0.3	120	165	53	0.03	0.03	17	0.3	0	0.3
トマトミルクドリンク	100	135	5.0	4.3	21.7	2.8	131	155	0.4	49	633	222	0.15	0.20	33	2.0	13	0.1
牛乳	101	141	6.9	8.0	10.1	0	231	195	Tr	86	315	82	0.08	0.32	2	0.2	25	0.2
レモンキャロットジュース	101	79	0.9	0.1	20.9	1.5	27	25	0.3	9	229	437	0.07	0.05	52	0.4	0	Tr
バナナ入りきな粉ドリンク	101	274	9.0	7.6	46.9	3.8	204	215	1.1	65	825	121	0.18	0.31	18	1.2	19	0.2

料理名	掲載ページ	エネルギー(kcal)	たんぱく質(g)	脂質(g)	炭水化物(g)	食物繊維(g)	カルシウム(mg)	リン(mg)	鉄(mg)	ナトリウム(mg)	カリウム(mg)	レチノール当量(μg)	ビタミンB₁(mg)	ビタミンB₂(mg)	ビタミンC(mg)	ビタミンE(mg)	コレステロール(mg)	塩分(g)
ブルーベリーヨーグルト	101	106	5.1	4.2	11.5	0.5	170	142	Tr	67	248	56	0.06	0.20	2	0.4	17	0.1
フルーツヨーグルトサラダ	101	137	3.4	1.7	29.8	3.2	88	91	0.5	26	432	74	0.07	0.11	47	1.0	6	0.1
キウイフルーツ	101	45	0.9	0.1	11.5	2.1	28	27	0.3	2	247	9	0.01	0.02	59	1.1	0	0
キウイのヨーグルトかけ	102	66	2.9	2.1	9.2	1.1	98	84	0.1	34	242	28	0.03	0.11	30	0.6	8	0.1
いちご	102	36	0.9	0.1	8.9	1.5	18	33	0.3	Tr	179	3	0.03	0.02	65	0.4	0	0
いちごのヨーグルトかけ	102	69	3.2	2.2	9.8	1.1	97	93	0.2	34	247	25	0.05	0.11	47	0.5	8	0.1
グレープフルーツ	102	48	1.1	0.1	12.0	0.8	19	21	Tr	1	175	0	0.09	0.04	45	0.4	0	0
バナナ	102	86	1.1	0.2	22.5	1.1	6	27	0.3	Tr	360	9	0.05	0.04	16	0.5	0	0
みかん	102	34	0.5	0.1	8.6	0.3	11	11	0.1	1	113	135	0.07	0.02	25	0.3	0	0

ブランチ

パンキッシュブランチの献立

料理名	掲載ページ	エネルギー(kcal)	たんぱく質(g)	脂質(g)	炭水化物(g)	食物繊維(g)	カルシウム(mg)	リン(mg)	鉄(mg)	ナトリウム(mg)	カリウム(mg)	レチノール当量(μg)	ビタミンB₁(mg)	ビタミンB₂(mg)	ビタミンC(mg)	ビタミンE(mg)	コレステロール(mg)	塩分(g)
パンキッシュ	104	459	23.4	21.4	4.4	5.2	288	463	2.1	1238	599	223	0.27	0.54	74	3.3	239	3.2
オランダパプリカのマリネ	104	57	0.7	4.2	3.9	1.5	8	18	0.3	196	132	41	0.02	0.02	46	0.8	Tr	0.5
トマトとマッシュルームのスープ	104	16	1.3	0.2	3.6	1.1	10	41	0.2	566	235	49	0.04	0.10	11	0.3	Tr	1.4

パスタブランチの献立

料理名	掲載ページ	エネルギー(kcal)	たんぱく質(g)	脂質(g)	炭水化物(g)	食物繊維(g)	カルシウム(mg)	リン(mg)	鉄(mg)	ナトリウム(mg)	カリウム(mg)	レチノール当量(μg)	ビタミンB₁(mg)	ビタミンB₂(mg)	ビタミンC(mg)	ビタミンE(mg)	コレステロール(mg)	塩分(g)
豆と野菜の煮込みパスタ	106	237	10.0	1.5	46.3	9.2	57	161	1.9	657	656	396	0.23	0.19	84	4.0	Tr	1.7
トマトとルコラのサラダ	106	67	1.2	5.1	7.4	1.8	28	43	0.5	318	334	196	0.08	0.05	29	1.8	0	0.8
グレープフルーツ	106	48	1.1	0.1	12.0	0.8	19	21	Tr	1	175	0	0.09	0.04	45	0.4	0	0
はちみつレモンヨーグルト	106	119	5.1	4.2	15.6	Tr	170	141	0.1	68	246	55	0.06	0.20	4	0.2	17	0.1

中国風おかゆブランチの献立

料理名	掲載ページ	エネルギー(kcal)	たんぱく質(g)	脂質(g)	炭水化物(g)	食物繊維(g)	カルシウム(mg)	リン(mg)	鉄(mg)	ナトリウム(mg)	カリウム(mg)	レチノール当量(μg)	ビタミンB₁(mg)	ビタミンB₂(mg)	ビタミンC(mg)	ビタミンE(mg)	コレステロール(mg)	塩分(g)
中国風おかゆ	108	225	3.8	5.5	37.8	0.4	10	56	0.4	580	55	38	0.03	0.08	Tr	0.6	42	1.5
小松菜と青梗菜の香味ソースかけ	108	47	1.8	2.2	4.8	2.0	141	54	2.1	366	448	432	0.07	0.12	33	0.9	Tr	0.9
焼き豚とキャベツのあえ物	108	77	4.8	3.7	7.2	2.1	58	83	0.6	355	308	22	0.18	0.07	48	0.3	7	0.9
キウイヨーグルト	108	88	4.2	3.2	10.9	1.1	140	119	0.1	51	302	39	0.05	0.16	30	0.7	13	0.1

エスニックサンドブランチの献立

料理名	掲載ページ	エネルギー(kcal)	たんぱく質(g)	脂質(g)	炭水化物(g)	食物繊維(g)	カルシウム(mg)	リン(mg)	鉄(mg)	ナトリウム(mg)	カリウム(mg)	レチノール当量(μg)	ビタミンB₁(mg)	ビタミンB₂(mg)	ビタミンC(mg)	ビタミンE(mg)	コレステロール(mg)	塩分(g)
ベトナム風バゲットサンド	110	313	15.6	11.4	36.2	2.5	28	159	1.5	977	412	32	0.11	0.16	10	1.3	35	2.5
れんこんとにんじんの甘酢漬け	110	58	1.5	0.1	13.4	2.3	25	55	0.4	308	369	700	0.07	0.03	26	0.6	0	0.8
フルーツサラダ	110	66	1.2	0.1	16.7	1.6	27	28	0.1	2	240	5	0.06	0.03	59	0.8	0	0
チャイ	110	75	3.6	4.0	5.9	0	129	100	0.1	44	171	41	0.04	0.17	1	0.1	13	0.1

サラダブランチの献立

料理名	掲載ページ	エネルギー(kcal)	たんぱく質(g)	脂質(g)	炭水化物(g)	食物繊維(g)	カルシウム(mg)	リン(mg)	鉄(mg)	ナトリウム(mg)	カリウム(mg)	レチノール当量(μg)	ビタミンB₁(mg)	ビタミンB₂(mg)	ビタミンC(mg)	ビタミンE(mg)	コレステロール(mg)	塩分(g)
スコーン　ツナディップ添え	112	390	12.9	23.3	29.8	1.0	130	239	1.0	512	154	115	0.08	0.15	1	3.7	52	1.3
シーザーサラダ	112	155	8.4	10.6	6.4	1.4	77	152	1.4	385	304	168	0.09	0.27	15	2.1	221	1.0
ミックスシトラスジュース	112	193	3.2	0.4	50.0	2.9	71	71	0.5	5	582	44	0.25	0.13	179	1.1	0	0

混ぜずしブランチの献立

料理名	掲載ページ	エネルギー(kcal)	たんぱく質(g)	脂質(g)	炭水化物(g)	食物繊維(g)	カルシウム(mg)	リン(mg)	鉄(mg)	ナトリウム(mg)	カリウム(mg)	レチノール当量(μg)	ビタミンB₁(mg)	ビタミンB₂(mg)	ビタミンC(mg)	ビタミンE(mg)	コレステロール(mg)	塩分(g)
アジの混ぜずし	114	325	12.5	5.1	53.4	0.8	46	160	1.1	785	201	36	0.10	0.08	1	0.5	29	2.0
根菜とゆで野菜のサラダ	114	89	2.0	2.2	16.3	4.8	50	65	0.7	405	444	700	0.06	0.07	13	0.6	0	1.0
豆腐のスープ	114	67	5.1	3.2	4.3	0.4	96	86	0.7	449	126	19	0.06	0.03	2	0.5	Tr	1.1
ぶどう	114	35	0.2	0.1	9.4	0.3	4	9	0.1	1	78	2	0.02	0.01	1	0.1	0	0

変わりごはんブランチの献立

料理名	掲載ページ	エネルギー(kcal)	たんぱく質(g)	脂質(g)	炭水化物(g)	食物繊維(g)	カルシウム(mg)	リン(mg)	鉄(mg)	ナトリウム(mg)	カリウム(mg)	レチノール当量(μg)	ビタミンB₁(mg)	ビタミンB₂(mg)	ビタミンC(mg)	ビタミンE(mg)	コレステロール(mg)	塩分(g)
黒豆ごはん	116	278	7.5	2.5	53.8	2.5	36	119	1.5	471	254	Tr	0.13	0.04	Tr	0.5	Tr	1.2
かぼちゃとオクラのそぼろあえ	116	147	5.3	3.8	22.6	3.9	33	97	0.9	399	467	551	0.09	0.12	37	5.7	6	1.0
照り焼きチキンのサラダ	116	122	12.4	4.8	5.4	0.8	27	132	0.7	575	364	89	0.08	0.10	8	1.2	35	1.5
すいか	116	74	1.2	0.2	19.0	0.6	8	16	0.4	2	240	280	0.06	0.04	20	0.2	0	0

計量カップ・スプーンによる食品の重量一覧

本文の材料表中の調味料や頻繁に使う素材の重量は下表を参考にしてください。

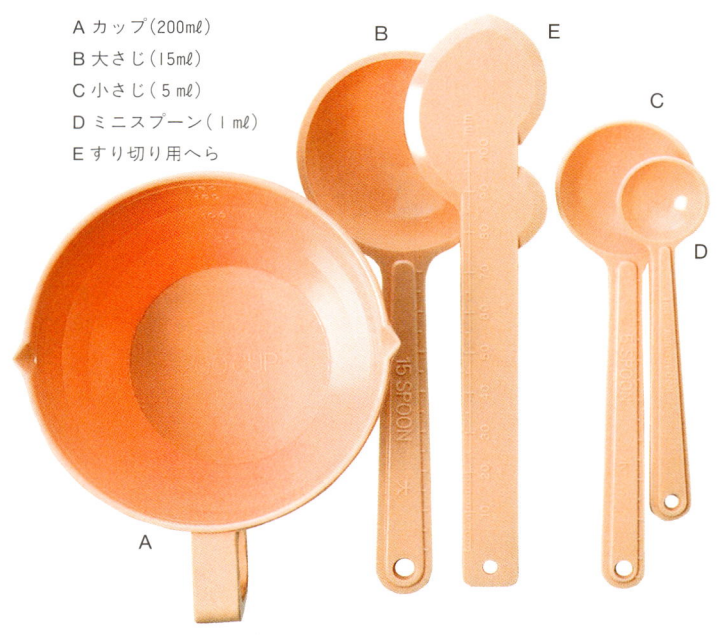

A カップ（200mℓ）
B 大さじ（15mℓ）
C 小さじ（5mℓ）
D ミニスプーン（1mℓ）
E すり切り用へら

計量カップ・スプーンの使い方

本書で使用している標準計量カップ・スプーンはカップが200mℓ、大さじが15mℓ、小さじが5mℓ、これにすり切り用のへらがついたものです。さらに厳密に計量するためのミニスプーン（1mℓ）もあります。

1杯分の計り方

カップもスプーンも計り方は同じ。小麦粉などの粉類はかたまりのない状態で自然に山盛りにすくい、へらの柄で縁に沿ってすり切る。みそやバターは空間ができないようにきっちり詰め込み、同様にすり切る。

¼杯の計り方

まず上記の要領でスプーン1杯分を計り、へらのカーブをまっすぐに差し込んで、½を払い、さらに半分を払う。

液体の計り方

表面張力で縁からわずかに盛り上がっている状態がスプーン1杯。

食品名	小さじ（5mℓ）	大さじ（15mℓ）	カップ（200mℓ）
水・酢・酒	5 g	15 g	200 g
しょうゆ	6 g	18 g	230 g
みりん	6 g	18 g	230 g
みそ	6 g	18 g	230 g
食塩	6 g	18 g	240 g
上白糖	3 g	9 g	130 g
グラニュー糖	4 g	12 g	180 g
はちみつ	7 g	21 g	280 g
ジャム	7 g	21 g	250 g
マーマレード	7 g	21 g	270 g
小麦粉（薄力粉）	3 g	9 g	110 g
かたくり粉	3 g	9 g	130 g
パン粉	1 g	3 g	40 g
生パン粉	1 g	3 g	40 g
オートミール	2 g	6 g	80 g
普通牛乳	5 g	15 g	210 g
ウスターソース	6 g	18 g	240 g
トマトケチャップ	5 g	15 g	230 g
マヨネーズ	4 g	12 g	190 g
粉チーズ	2 g	6 g	90 g
生クリーム	5 g	15 g	200 g
ごま	3 g	9 g	120 g
油	4 g	12 g	180 g
バター・マーガリン	4 g	12 g	180 g
米	—	—	170 g

食品の概量と正味重量

食品名	概量	正味重量（g）
オクラ	1本	7
かぶ	1個	50
プチトマト	1個	10
なす	1本	80
ごぼう	1本	180
セロリ	1本	100
じゃが芋	1個	100
にんじん	1本	200
レタス	1枚	15
サニーレタス	1枚	20
玉ねぎ	1個	200
ねぎ	1本	60
きゅうり	1本	100
マッシュルーム	1個	9
キャベツ	1枚	60
グリーンアスパラガス	1本	20
さやえんどう	10枚	25
ししとうがらし	5本	15
ピーマン	1個	30
青梗菜	1株	100
生しいたけ	1枚	10
トマト	1個	200
えのきたけ	1袋	80
なめこ	1袋	100
エリンギ	1本	30
りんご	1個	200
キウイフルーツ	1個	85
バナナ	1本	100
オレンジ	1個	150
グレープフルーツ	1個	250
いちご	1個	15
こんにゃく	1枚	250
ベーコンの薄切り	1枚	20
ハムの薄切り	1枚	20
もち	1切れ	50
もめん豆腐	1丁	300
絹ごし豆腐	1丁	300
油揚げ	1枚	20
はんぺん	1枚	100
削りガツオ	ミニ1袋	5
冷凍うどん	1玉	250
そうめん	1束	50
ロールパン	1個	30
食パン（6枚切り）	1枚	60
胚芽入り食パン（6枚切り）	1枚	60
クロワッサン	1個	40

竹内冨貴子（たけうち　ふきこ）
女子栄養大学栄養学部卒業。竹内冨貴子・カロニック・ダイエット・スタジオ主宰。女子栄養大学短期大学部講師、香川栄養専門学校講師などを務めるかたわら、ダイエットクリエイターとして雑誌、新聞、テレビ、講演などで幅広く活躍している。主な著書に『スピードダイエット』（講談社）、『血液と体のあぶらを落とす7日間レシピ』（アスキー）。『家庭のおかずのカロリーガイド』、『毎日の食事のカロリーガイド』、『外食・コンビニ・惣菜のカロリーガイド』（3点とも女子栄養大学出版部）の料理・データ作成等がある。

好みの料理を選ぶだけ

朝ごはん　組み合わせ自由自在

料理／竹内冨貴子

撮影／青山紀子

ブックデザイン／高橋潤子

校正／佐々木迪子

2002年4月10日　　初版第1刷発行
2019年6月20日　　第14刷発行

発行者／香川明夫

発行所／女子栄養大学出版部

〒170-8481　東京都豊島区駒込3-24-3

電話　03-3918-5411（販売）
　　　03-3918-5301（編集）

振替　00160-3-84647

ホームページ　http://www.eiyo21.com

印刷所　大日本印刷株式会社
乱丁本・落丁本はお取り替えいたします。
本書の内容の無断転載・複写を禁じます。
ISBN978-4-7895-4718-5
©Takeuchi Fukiko 2002, Printed in Japan